仮設住宅が問いかける
日本の「木造力」と「レジリエンス」

新住宅産業論

リスクガバナンスを実装した
住宅サプライチェーンを築く

企画：一般社団法人日本モバイル建築協会
編：長坂 俊成

創樹社

目次

2章　能登半島地震が突き付けた仮設住宅の限界と住宅業界が抱える根本的課題　48

3章　日本国内の森林資源は国難級の災害に活かされるのか……104

はじめに

2024年1月1日、16時、10分。最大震度7の大地震が新年を迎えたお祝いムードを一変させた。石川県の能登半島を中心に甚大な被害をもたらした能登半島地震は、あらためて日本が地震大国であるという事実を無慈悲に突き付けた。

私が代表理事を務める（一社）日本モバイル建築協会では、応急仮設住宅として恒久仕様の木造モバイル建築を供給するために、発生直後から現地入りし、様々な調整を重ねた。現地で目にした被災地の様子はあまりにも痛ましく、いち早く住まいを提供することが最大の使命であると考え、関係者との協議を重ねる日々が続いた。

モバイル建築とは、工場で製造した建築ユニットをトラックなどに積載し、現場に運び込み、より迅速に建設するものだ。移設も可能で、他の場所で使用しているモバイル建築を被災地に運びこみ、応急仮設住宅として利用するといったこともできる。

我々は能登半島地震において、初めて恒久仕様の木造モバイル建築を供給した。応急仮設として使用した後は、公営住宅などとして恒久的に使用するために建築基準法などの法規にも適合する。また、応急仮設住宅を整備して、使用後は解体する一方で、復興のための住宅を再建するという〝二度手間〟を省くことにもつながる。なお、当協会が応急仮設住宅として供給した261戸のモバイル建築は、いずれも本設移行が可能なものである。

仮設住宅の問題は日本の住宅業界が抱える根源的課題へつながる

能登半島地震でモバイル建築を供給する過程で、焦りにも似た不安に襲われた。もしも、南海トラフなどの巨大地震がこの国を襲った時、今の状況でいち早く住まいの復興を果たすことはできるのだろうか—。

応急仮設住宅の多くは、(一社)プレハブ建築協会によって供給される。迅速に一定の戸数を提供するという点では評価できるプレハブによる仮設住宅。しかし、短期間の使用であればいいが、長期間の使用の場合、居住性能が不足していると言わざるを得ない。

東日本大震災以降、木造の応急仮設住宅も登場してきている。入居者にも好評のようで、中には一般的な戸建住宅とそん色ない建物もある。東日本大震災の際に木造応急仮設住宅の建設に対応するために全国建設労働組合総連合(全建総連)と(一社)JBN・全国工務店協会の2団体によって設立された(一社)全国木造建設事業協会(全木協)は全国43の都道府県及び11都市自治体と災害時における木造応急仮設住宅の建設に関する協定を締結している。能登半島地震では全建総連から派遣される職人等の応援を受けて木造応急仮設住宅623戸、談話室6戸が建設された。しかし、大工などの作り手不足が深刻化している住宅業界において、巨大地震が発生した際に、現場での建築を前提とした木造住宅で、どのくらいの仮設住宅をカバーできるのかは疑問が残るところだ。

実際に能登半島地震では、土地の確保で時間がかかり、作り手の確保でさらに時間を要するという事態が散見された。

政府の南海トラフ地震の被害想定では、賃貸型のいわゆる「みなし仮設」が121万戸、建設型の仮設住宅が84・4万戸も必要になると推計している。とても今のままでは84・4万戸の仮設住宅を迅速に供給することは不可能だろう。

なぜ、ここまで仮設住宅の建築が上手く進まないのか—。その疑問を突き詰めていくと、日本の住宅業界が抱える根源的な課題にぶつかる。

先ほども述べたように、まずは大工などの職人不足による生産力の低下。様々な情報が分断し、DXも進んでおらず効率性も決して高いとはいえない。専門家ではない私が指摘するのもおこがましいが、他産業と比較するとあまりにもムリ・ムダが多く、法規制や商習慣のアップデートも遅れている印象がある。

こうした状況を変革し、来たる巨大地震に備えるために、当協会ではモバイル建築を核とした新たな住宅サプライチェーンの構築を志向することにした。それこそが、我々の考える「新住宅産業」である。

我々の目指すサプライチェーンでは、まず工業化手法を取り入れる。それぞれの地域で活躍するプレカット工場、製材工場、コンポーネント工場の方々に、モバイル建築用のパネルやユニットを製造していただき、それを地域の工務店の方々に供給する。工務店の方々は、工場、つまりオフサイトで製造したパネルやユニットを活用することで、作り手不足を解消しながら生産性も向上できる。住宅価格の高騰に一石を投じることもできるはずだ。

「工業化」と聞くと、大手のプレハブメーカーやFC、VCなどをイメージするかもしれないが、我々が目指すのはオープン、かつ地域循環型の工業化である。特殊な工法を用いたクローズドな工業化ではなく、あくまでも一般的な木造軸組工法や2×4工法などをベースとして工業化を進める。

そして、この工業化と地域の森林資源もつなげていく。遠い外国ではなく、身近な山にサプライヤーとして活躍してもらうことで、例えば非常時に材料の輸入が難しくなった場合でも円滑に住宅建築を進めていくことが可能になる。輸入材に過度に頼るよりはるかにレジリエントなサプライチェーンが構築できるというわけだ。

この工業化手法を導入したサプライチェーンは、平常時には地域の材を活用し、より効率的に、より性能に優れた住宅や非住宅の建築物を供給するという役割を担う。そして、災害が発生すると、全国でモバイル建築を手掛ける工務店の方々が被災地の工務店や職人と力を合わせて、仮設住宅や復興住宅の供給を進める。

「社会的備蓄」という考え方も実現していく。非住宅として活用しているモバイル建築を被災地へ移築すれば、より早く仮設住宅を供給できる。そのためには、それぞれの地域内により多くのモバイル建築が存在している必要があるのだ。

加えて、地域材を非常時に備えて備蓄する仕組みも備えておけば、政府の「備蓄米」のように、万が一の場合、備蓄された木材を復興用資材として利用できる。

それぞれの地域で新住宅産業が芽吹き出す

本書では、こうした当協会の目指す新たなサプライチェーンを「新住宅産業」と位置づけ、その必要性や実現可能性などを紹介していく。

まず、1章でモバイル建築について解説し、2章では実際に我々が能登半島地震の応急仮設住宅で対面した課題などに触れる。

3章では、ウッドステーションの塩地博文会長に、日本の森林資源を国難級の災害時に活用するために、工業化という手法を取り入れながら、森と住宅建築を垂直統合していくための手がかりを述べていただく。

4章では、東京都市大学の小見康夫教授にご登場いただき、住宅の工業化の歴史を踏まえながら、モバイル建築による「新しい工業化住宅」の可能性について解説していただいた。

5章では、（一社）日本モバイル建築協会の主席コンサルタントであり、工務店であるクリエイト礼文の代表取締役として、既に工業化手法を取り入れた事業を展開する大場友和氏に、地域工務店が抱える諸問題と、それを解決するための工業化手法について紹介してもらう。

最後に6章では、当協会の技術アドバイザー兼主席コンサルタントである萩原浩氏に、プレハブ建築とは一線を画す工業化を進めてきた一条工務店の工業化手法について触れていただく。当協会では、萩原氏の経験も活用しながら、先述したオープン、かつ地域循環型の工業化を実現するためのサプライチェーンを具現化していきたいと考えている。

また、全国木材協同組合連合会副会長の本郷浩二氏、東京大学名誉教授の酒井秀夫氏、東京大学大学院教授の青木謙治氏、三重大学大学院教授の川口淳氏という各分野を代表するエキスパートの方々に、モバイル建築に対する期待や今後果たすべき役割などについてのご意見もいただいた。

国難級の大災害に対応するという命題から活動をスタートさせた（一社）日本モバイル建築協会だが、その命題に取り組むためには、「平常時の住宅供給のあり方を変革する必要がある」という事実に能登半島地震で気付かされた。そして、そのことが日本の住宅業界が抱え続けてきた課題の解決につながるはずである。

日本のレジリエンス力を向上するためにも、それぞれの地域で新住宅産業が芽吹き出すことが重要なのである。

2025年3月

（一社）日本モバイル建築協会 代表理事
立教大学大学院社会デザイン研究科 教授
長坂 俊成

木造モバイル建築による
地域循環型の工業化住宅モデル

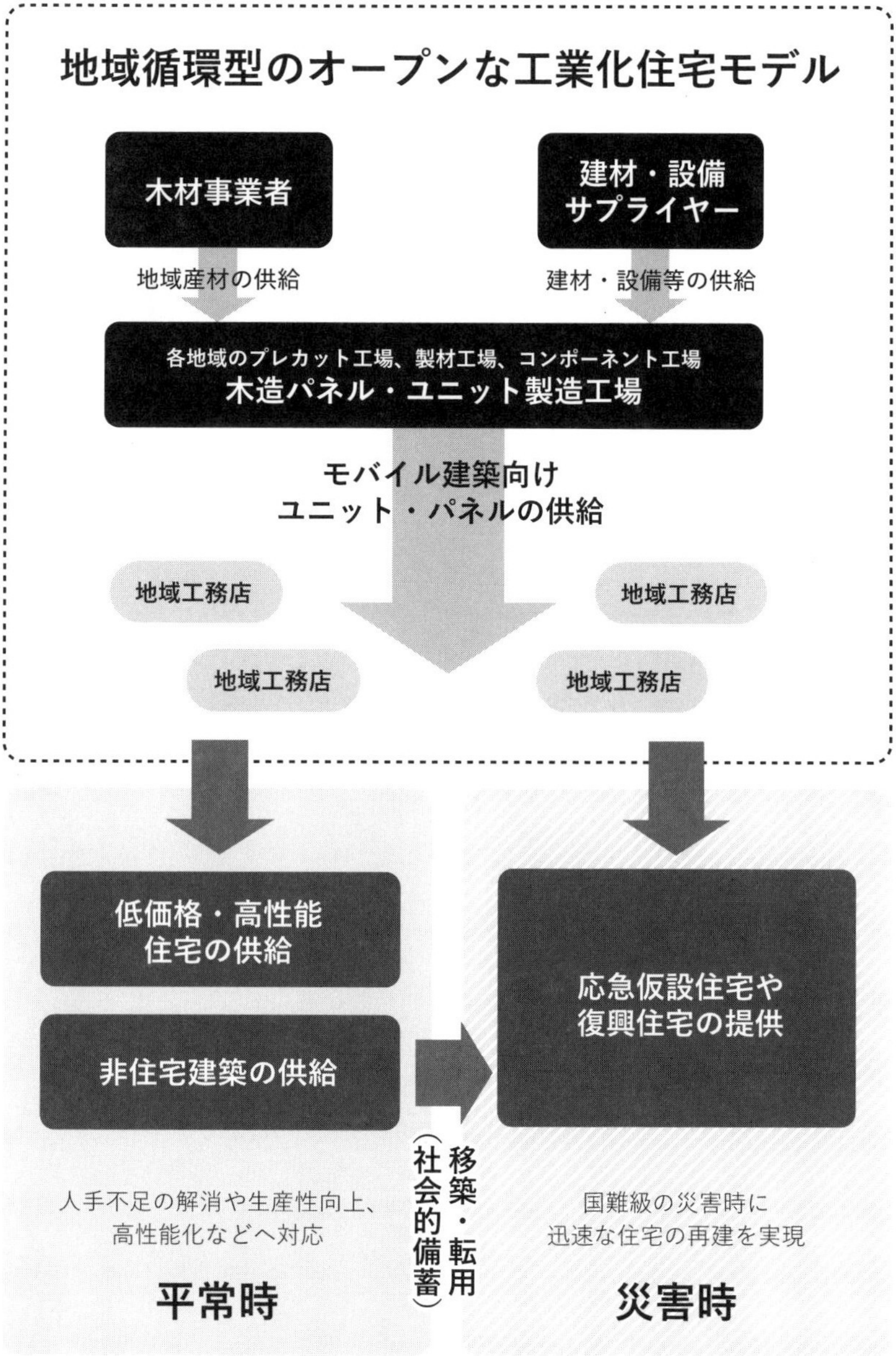

1章

木造モバイル建築の社会的備蓄で国難級の大災害に備える

一般社団法人日本モバイル建築協会 代表理事
立教大学大学院社会デザイン研究科 教授
長坂俊成

工場で製造したユニットで作る恒久仕様の移動式木造建築

本書の目的では、我々が描く恒久仕様の木造モバイル建築による国土強靭化に向けた道筋と、それを実現するための新たな住宅供給方式、そして新住宅産業について広く社会へ提案していくことにある。

このテーマについて述べていくための第一ステップとして、まずは「木造モバイル建築とは何か」について紹介していく。

木造モバイル建築とは、工場で製造し完成した建築ユニットをユニット単位でトラックなどに積載・輸送し、建設・移築を繰り返し行うことができる恒久仕様の移動式木造建築物の総称である。住宅および非住宅（店舗、事業所、施設、倉庫など）といった幅広い用途で利用可能であり、規格化されたユニットを連結・積層することで様々な用途、間取り、規模、階数等の建築物が構成できる。木造モバイル建築の住宅性能は一般住宅と同等以上の安全性、耐久性、断熱性、遮音性、環境性能を有し、耐震等級3、断熱等級5を最低基準とし6以上を推奨している。

写真1 モバイル建築のタイプと工法　　写真提供：ウッドステーション株式会社

移築し再利用する際に解体廃棄物がほぼ発生しないため、環境負荷を軽減するだけでなく、高い経済性を有する。

木造モバイル建築を構成するユニットには、パネルユニットとボックスユニットがあり、パネルユニットには窓や玄関、断熱材などから構成される壁パネル（セミパネル）とセミパネルに外皮や内装、室内配線などを施した壁パネル（フルパネル）がある（**写真1**）。

ボックスユニットはパネルユニットを利用し床や屋根、内外装、各種設備、宅内配線・配管等を工場で箱型に組み立てたユニットで、建設現場ではユニット間の連結部の処理と基礎への緊結、給排水や電力の引き込みのみで建築を完成させることができる。

また、建設用地への道路アクセスや敷地条件などによってはボックスユニットの搬入と設置が困難な場合があり、そのような場合は、ボックスユニットと比べ現地施工比率は高まるもののパネルユニットが利用されることとなる。

国難級の災害に対して
全国の工務店が総力戦で分散製造

木軸のパネルユニット化としての「木造大型パネル」は、工場内の加工設備を利用して、大工などの熟練工ではない作業者が、柱や梁、耐力面材等の構造材にサッシや断熱材、透湿防水シート、胴縁、接合金物などを安全かつ正確に一体加工しパネル化するものである。パネルを構成する木材や資材は、住宅メーカーや工務店が一般に流通している資材から自由に選択し指定できる。

また、木造大型パネルは、大手ハウスメーカーの型式認定工法などのクローズドな独自建築工法ではなく、在来軸組工法または木造壁式工法に対応するパネルの受託加工方式である。木造大型パネルの受託加工事業者は、国内の林業関係者や、製材業者、プレカット事業者、工務店などと連携し、木材の安定供給が可能な持続可能なサプライチェーンの構築を目指している。受託加工事業者は全国に増えつつあり、全国の中小工務店は木造大型パネルを採用することで、工期短縮、コスト削減、品質向上、職人不足問題の解消、木材の安定的な調達が可能となる。

モバイル建築は建築基準法上、木造軸組み工法（在来工法）と枠組壁工法（2×4工法）が採用されている。木造モバイル建築のユニット製造は、原則、オフサイト生産を基本とし、国難級の災害時には全国の工務店が総力戦で分散製造できるサプライチェーンを構築するために、一般に流通している建築材料や建築設備などが利用できるオープンな工法を原則とし、工場単位の型式認定によるクローズドな技術は採用しない。木材の調達については、国内の森林資源の利用と再造林による持続可能な環境への配慮を基本としつつ、木材の特性に応じて集成材や外材等を適材適所で活用する。

トレーラーハウスなどとの違い 建築基準法に適合して本設が可能

モバイル建築という新たな建築方法やその活用方法は、現段階では一般に周知されていないため、自治体から「モバイル建築は、トレーラーハウスと同じように、農地や調整区域で農家カフェや簡易宿所を開設できるのか？」という問い合わせや、民間事業者から「ロードサイドでホテルを経営したいがモバイル建築には固定資産税がかからないか？」という質問を受けることがある。モバイル建築は、トレーラーハウス（建築ではなく道交法・道路運送車両法上の車両）やコンテナハウス（建築基準法に適合するためにＪＩＳ鋼材を利用し構造を補強した鋼鉄製のコンテナユニットを使った建築。車台に載せてトレーラーハウスとして運用されているものもある）、ユニットハウス（箱型の軽量鉄骨の建物で主に仮店舗や仮設事務所などとして暫定利用される）、プレハブなどの仮設構造物（建築基準法第85条第6項及び7項）と混同されることが多く、モバイルという語感から、安全性や性能、耐久性などが過小評価される場合がある。

トレーラーハウス（車両）や車両タイプのコンテナハウスは、実際には移動しない施設にも関わらず、国のあいまいな解釈注1、注2（24〜25頁）を受けて、自治体によっては、建築基準法が規制する単体規定（構造耐力、建築防火、建築衛生等に関する安全確保のための性能に関する技術基準）や集団規定（建築物の集団である街や都市において要求される安全かつ合理的な土地利用、環境向上のための建築物の秩序を確保するための基準）を回避し、都市計画や土地利用、税制を歪める運用がなされている実態がある。

他方、モバイル建築は建築基準法上の本設の建築物（恒久仕様）として適法に建築でき、かつ、基礎やライフラインから容易に切り離し、異なる地域に異なる用途で適法に移築を繰り返すことができる。そのため、モバイル建築は、あらかじめ地域の移動や用途変更の可能性を考慮し、断熱性能や積雪荷重、防火・準防火地域内の制限など、地域ごとに異なる基準に適合することや、旅館やホテル、民泊など特殊建築物の制限（例えば、規模に応じて居室に難燃材料を使用することや廊下や階段、通路に準不燃材料を使用するなど）に適合する工夫がなされている。

自治体などが公共的な視点から調整区域や農地、自然公園などでモバイル建築を恒久的な施設や住宅として利用するためには、建築規制はじめ、都市計画や土地利用、インフラ整備、環境保全、景観や文化財保護、防災対策、地域福祉、農業振興、観光振興などの包括的な視点から、立地の可否を判断する枠組みを整理することが求められる。

ある自治体では、歴史的景観の保存を目的とした景観ガイドラインの規制が全地域にかかり、若い世代のニーズにあったデザインや性能の建築が困難となり、地域から若者が流出するなどの例がみられる。モバイル建築は、地域の景観と調和する色調や木質の外皮などを選択できる柔軟性を有しているものの、景観ガイドラインの縛りが不必要に強すぎると地域から排除されることとなる。

モバイル建築は、建物のスケルトン（柱・梁・床などの構造躯体）とインフィル（住戸内の内装・設備など）を分離することができる。共同住宅の場合、住戸の一部がスケルトン状態でも居室であることが確認できれば、建築基準法に基づく完了検査が可能となり登記も可能となるが、戸建住宅の場合、スケルトン（トイレ、システムキッチン、ユニットバス、ドア等が無い状態）では、建築基準法上「住宅」として認められないため、住宅地に母屋の離れ（住宅）として増築することや、ＤＩＹにより住まい手がライフサイクルやライフスタイルに応じてインフィルを段階的に改修するなどのニーズに対応できないことがある。世代を超えてリユースが可能な長寿命のモバイル建築の特徴を活かし普及するためには、建築規制への適合やまちづくりとの調和が求められる。

（注1）
「トレーラーハウスの建築基準法上の取扱いについて」（平成9年3月31日建設省住指発第170号）
トレーラーハウスのうち、規模（床面積、高さ、階数等）、形態、設置状況（給排水、ガス・電気の供給又は冷暖房設備、電話等の設置が固定された配管・配線によるものかどうか、移動の支障となる階段、ポーチ、ベランダ等が設けられているかどうかなど）等から判断して、随時かつ任意に移動できるものは、建築基準法第2条第一号に規定する建築物には該当しないものとして取り扱うこと。

（注2）

「建築確認のための基準総則・集団規定の適用事例」（一般財団法人建築行政情報センター、2017年）

バス、キャンピングカー及びトレーラーハウス等の車両（以下「トレーラーハウス等」という。）を用いて住宅・事務所・店舗等として使用するもののうち、以下のいずれかの観点により、土地への定着性が確認できるものについては、法第2条第1号に規定する建築物として取り扱う。なお、設置時点では建築物に該当しない場合であっても、その後の改造等を通じて土地への定着性が認められるようになった場合については、その時点から当該工作物を建築物として取り扱うことが適切である。

【建築物として取り扱う例】

・トレーラーハウス等が随時かつ任意に移動することに支障のある階段、ポーチ、ベランダ、柵等があるもの。

・給排水、ガス、電気、電話、冷暖房等のための設備配線や配管等をトレーラーハウス等に接続する方式が、簡易な着脱式（工具を要さずに取り外すことが可能な方式）でないもの。

・規模（床面積、高さ、階数等）、形態、設置状況等から、随時かつ任意に移動できるとは認められないもの。

動産としての新たな価値を創出リースやノンリコースとの親和性も

モバイル建築は「建築の製造業化・オフサイト生産」を意味し、工場で非熟練工が安全かつ高品質に建築ユニットを製造することが可能となり、職人の高齢化や職人不足の問題の解決、労働環境の改善に寄与する。

また、一度建設した建築物を基礎から分離し、解体せずにユニット単位で移築を繰り返すことができることから、「不動産の動産化やリユース」という新たな価値を創出し、社会の課題解決に貢献できる。土地の価値と建物の価値を切り離すことや、所有と利用を分離することができる「動産」としてのモバイル建築は、リースやレンタル、ノンリコース型の住宅ローンなどとの親和性が高く、新たなファイナンス手法により、モバイル建築の利用が促進されるものと期待される。

ノンリコース住宅ローンとは、住宅の価値を上限とする有限責任の住宅ローン。契約者が失業や病気で住宅ローンを返済できなくなった場合に、住宅を手放せば残債の返済義務がなくなる契約である。しかし、中古住宅の流動性が低く、かつ、中古住宅の建物の評価が困難などの理由から、我が国の金融機関はノンリコース型住宅ローンには関心が低い。（独）住宅金融支援機構ではリ・バース60として、60才以上の高齢者向けのリバースモーゲージ型住宅ローンにノンリコースの特約がある。返済期間中は契約者が利息のみを支払い、契約者が死亡した際に相続人が自己資金で残債（元本）を返済するか、住宅を売却して返済し完済するもので、売却代金が残債務を下回っても相続人は残債の返済は免除される。

モバイル建築は、当協会が規定する住宅性能の基準に準拠することで適正な価格を評価することができる。土地と建物を分離し建物の価格を評価し、適正な価格で中古住宅を売却（移動も可）できれば、金融機関の貸し倒れリスクが軽減され、比較的安いコストでノンリコース住宅ローンが成立する可能性がある。返済不能となったモバイル建築の残債を自治体が引き継ぎ公営賃貸住宅化し、地域を離れずに生活再建を支援することや、移築してコンパクトシティ化すること、さらには移住定住のための体験住宅などとしてリユースができる。

また、モバイル建築の「動産」としての特徴を活かし、リース物件として運用することも可能となる。例えば、企業がワーケーションや福利厚生施設としてモバイル建築ユニットをリースして自治体が保有するキャンプ場などに貸与し、企業が利用しない期間は自治体が宿泊施設や移住体験施設として使用収益することで地方創生に貢献することや、国難級の災害時に動くみなし仮設住宅として被災自治体に貸与又は譲渡する「社会的備蓄」に貢献することができる。なお、リース契約が終了したモバイル建築は自治体に所有権を移転し継続して使用することで、動くみなし仮設住宅の社会的備蓄を増やすことができる。

過疎地・離島の住宅供給
林業関係者との協業で地産地消

地域の木材や人材を活用した地産地消のモバイル建築は、森林資源を有する過疎地域の地方再生に貢献することが出来る。また、国難級の災害時に恒久仕様の木造モバイル建築を全国で分散製造し「動くみなし仮設住宅」として被災地に迅速に供給する新たな災害対策として取り組んでいる（図1）。

地産地消化といえども、完全に閉じた経済や産業は成り立たないことは言うまでもない。地元の森林資源の活用を前提としつつ、柱や梁などの構造材に集成材や外材を利用することは排除しない。また、低質間伐材から生産される合板・MDFの利用、意匠としての広葉樹の利用など、使用箇所が求める性能や意匠などに応じて適材適所で森林資源を有効活用する。

1　賃貸型：民間賃貸住宅の借り上げ（みなし仮設住宅）

- 一般住宅と同等の性能・低コスト・即時入居
- 中山間地域では住宅ストックが少ない
- コミュニティの分断・人口流出

2　建設型：プレハブ等発災後に現地で職人が施工

- 低い住宅性能・高コスト・建設に時間がかかる
- 使用後解体廃棄物の発生・環境負荷大

3　**モバイル型：第3の応急住宅（動くみなし仮設住宅）**

- 恒久仕様のモバイル建築ユニットの利用
- 一般住宅と同等の住宅性能・低コスト・迅速な供給（社会的備蓄）
- 被災者の健康リスクの軽減
- 再利用・本設転用・廃棄物抑制・環境負荷軽減・耐久性・高経済性
- 被災地外の全国分散製造・復興住宅（本設）の早期供給
- 災害公営住宅の再配置・コンパクトシティー化

図1　恒久仕様の木造モバイル建築を用いた応急住宅の提案

筆者らは自治体の首長や職員、森林組合や地元の事業者の方々にモバイル建築の地産地消化や地場産業化を提案している。併せて、モバイル建築を地方創生に資する移住体験住宅や交流施設として利用しつつ、災害時に被災地に応急仮設住宅として移設する自治体間の相互支援の取り組み（動くみなし仮設住宅を利用した応急住宅の社会的備蓄）も提案している。

各地を訪問すると、様々な立場の方から過疎地が抱える切実な課題が語られ、モバイル建築の地産地消化の話題になかなか辿り着かない。高齢化などにより大工の後継者がいなくなり建設事業者が廃業に追い込まれ、既存の建物の維持管理がなされずに不良資産化していくことや、山村留学などの移住ニーズがありながら移住者を受け入れるための住宅供給が間に合わないといった声が聞かれる。

林業関係者からは、森林組合経営に関する組合法の解釈運用の課題や、補助金行政の在り方、森林環境譲与税の配分問題、隣接自治体との広域連携、林業から建築に至るサプライチェーンが抱える課題が語られる。モバイル建築の地産地消化には、林

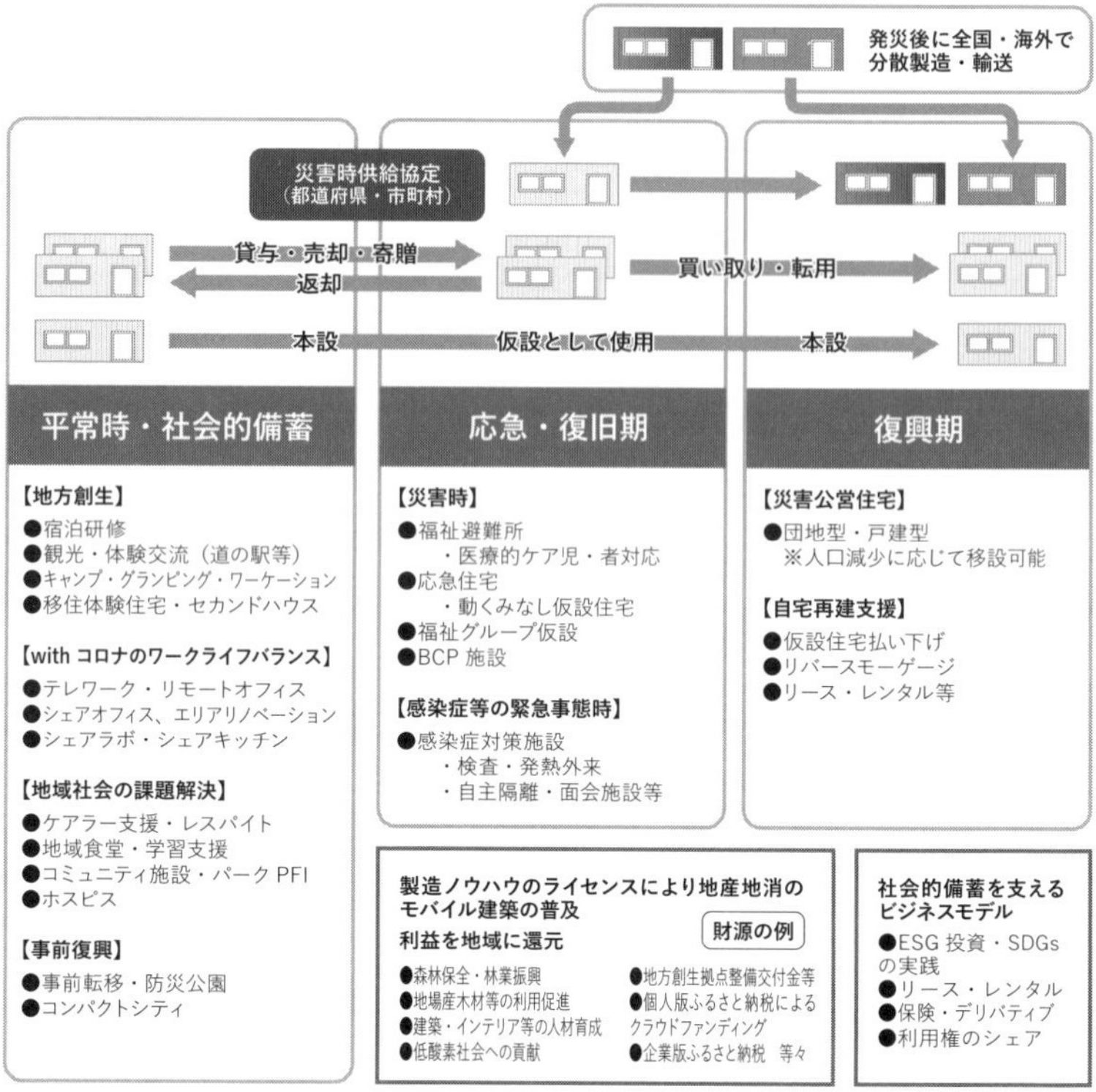

図 2　モバイル建築による応急住宅の社会的備蓄

業関係者との協働が課題となる。

応急仮設住宅の〝社会的備蓄〟とは―

応急仮設住宅の社会的備蓄とは、恒久仕様の木造モバイル建築ユニットを平時は住機能を有する本設の非住宅施設として使用しつつ、災害時にそれらの施設を被災地に移設し、福祉避難所や応急仮設住宅などの災害対応施設として提供する仕組みである（図2）。

応急住宅として使用した後は元の社会的備蓄に返却されることとなるが、使用期間が長期化する場合には被災自治体が買い取り本設の災害公営住宅に移行することや、残価で被災者に払い下げ自宅の自力再建を支援することもできる。このように使用後に解体せずに長期間にわたり繰り返し再利用できることや本設への移行を前提とすることなどを考えると、モバイル型応急住宅に係る費用や環境負荷は、仮設仕様のプレハブ方式の建設型応急仮設住宅と比べて高い優位性を有する。

社会的備蓄は、公的な防災備蓄が不足する事態に備え、社会資源を災害対策の資源として活用するための防災対策であり、リスクガバナンスの実践である。リスクガバナンスとは、多様な主体が協働し不確実性を孕むリスクを低減し社会全体のレジリエンスを高める公民連携によるリスクの協治を意味する。

社会的備蓄の平時利用の用途は多様であり、ワーケーションやテレワークなど民間事業者が自社利用を目的とするものや、滞在型テレワークセンターやコワーキングスペース、貸別荘、定期借家型シェアハウスなどの不動産事業用途、キャンプ場のコテージやグランピングなどの宿泊事業用途のものがある（図3）。これらの用途は、居住権が発生しない。また、利用契約や宿泊約款に災害時のキャンセルポリシーを定めることで、早期に被災地に貸し出しできるため社会的備蓄に適した用途である。なお、被災自治体の要請を受けて社会的備蓄を応急住宅として貸与すると国が定める救助費の基準に基づきレンタル料が支給される。また

ワーケーション	テレワーク	滞在型テレワークセンター	コワーキングスペース	貸別荘
定期借家型シェアハウス	キャンプ場のコテージ・グランピング	コンパクトシティの新規形成	宿泊研修施設	移住体験住宅
多地域居住施設	スポーツ施設のクラブハウス	放課後児童クラブ	地域食堂	高校生によるチャレンジキッチンチャレンジショップ
高齢者単身独居対策	介護・福祉関連施設	公園内収益施設	コミュニティカフェ	ドライバーの宿泊休憩施設（道の駅、SAPA 等）
防災道の駅	農家民宿・農家カフェ	アグリツーリズム	グリーンツーリズム	etc...

図 3　社会的備蓄に適した住機能を有する非住宅施設の例

は、被災自治体が買い取りを希望する場合は救助費から売却代金が支払われる。

自治体による社会的備蓄の平時利用の用途としては、地方創生や地域活性化、地域課題の解決に資する非住宅施設となる。ただし、それらの非住宅施設は災害発生後に応急住宅や福祉避難所、グループホーム型福祉仮設住宅として早期に転用できるよう、できるだけ住機能を有していることが望ましい。

自治体は公有の未利用地や統廃合後の学校跡地などの有効利用、公園内の収益施設利用、民間から寄贈された土地の利活用などと併せて、公民連携により社会的備蓄を推進することで地域活性化にも貢献できる。

当協会は設立以来全国の自治体を訪問し社会的備蓄の平時利用ニーズを調べてきた。現在までに把握されたニーズは以下の通りである。

グランピングやワーケーション、滞在型テレワークセンター、移住定住の促進を目的としたコワーキングスペース、宿泊研修施設、温泉など宿泊施設、移住体験住宅、多地域居住施設、スポーツ施設のクラブハウス、放課後児童クラブ、地域食堂、チャレンジキッチン、チャレンジショップ、農家民宿・カフェ、レスパイト施設、医療的ケア児・者のエイドステーション、ホスピス施設、公園内収益施設（宿泊施設やコミュニティカフェ等）、道の駅や高速道路のサービスエリア内のドライバーの宿泊休憩施設、二地域居住のための住居やシェアハウスなど。

地域活性化や地域課題の解決に資する施設にニーズが高く、ハードの整備にとどまらず、施設を利用したサービス提供や管理運営においても公民連携が不可欠となっている。

過疎地域では農家民宿や農家カフェといったアグリツーリズムやグリーンツーリズムなど、農林水産業の活性化や人材確保、関係人口の拡大などの施策と連携した社会的備蓄のニーズがある。また、高校生が地元の食材などを利用した料理を提供するチャレンジキッチンや特産品を販売するチャレンジショップなど、社会連携教育プログラムと連携した社会的備蓄のニーズがある。

放課後児童クラブやスポーツ施設のクラブハウス、公園内の宿泊施設、公園内のコミュニティカフェ、移住定住の促進を目的としたコワーキングスペースなどは、社会的備蓄として整備され公民連携により管理運営されている。

茨城県境町は企業版ふるさと納税制度を利用し、フィールドホッケーのクラブ

茨城県境町
40ft × 7 連結
2 階

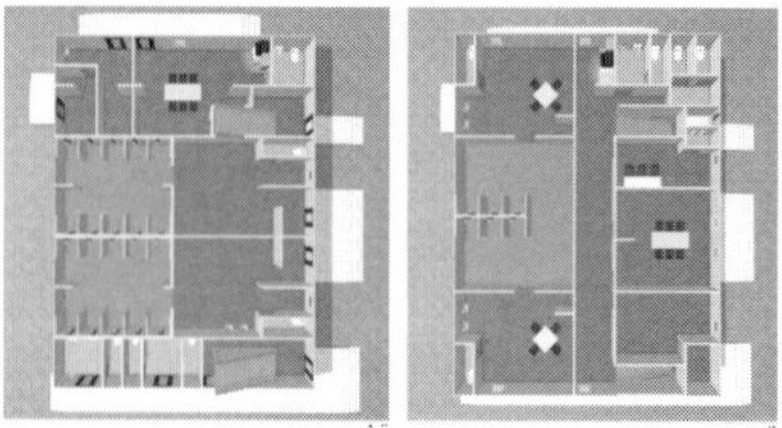

写真 2　応急仮設住宅の社会的備蓄の例：ホッケー場クラブハウス

ハウス（40フィートサイズの木造モバイル建築ユニットの7連結2階建）を設置し、ホッケー場の指定管理団体が管理している（**写真2**）。首都直下型大地震が発生した場合には都内で被災した障がい者や高齢者等の広域疎開施設としての利用を想定している。

茨城県境町、大分県由布市、岩手県大船渡市では、企業版ふるさと納税制度を活用し公設民営により放課後児童クラブ（40フィートサイズユニットの5連結平屋）が整備され、NPOや保護者会が運営している（**写真3**）。放課後児童クラブには、キッチン、トイレ、洗面台、相談室、収納、下駄箱が標準で装備されている。国難級の災害が発生した場合、多目的トイレや介助用の浴室ユニットなどを追加・改修した後、速やかに被災地に移設し、高齢者向けのグループホーム型福祉仮設住宅に転用するか、または広域疎開施設として被災者などを受け入れることが想定されている。

茨城県境町

40ft × 5 連結

1 階

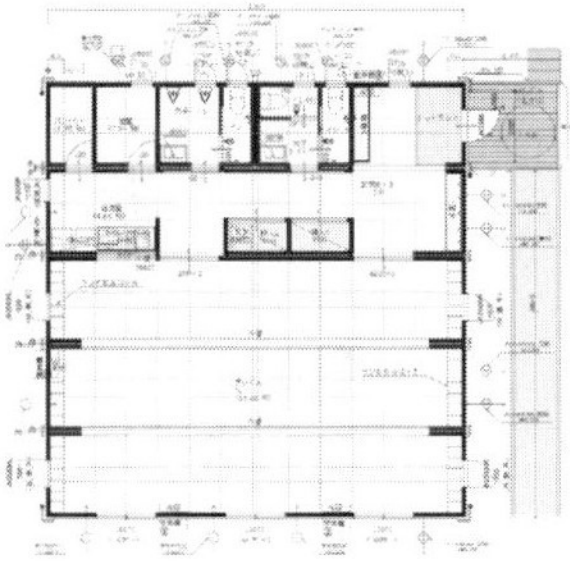

写真 3　応急仮設住宅の社会的備蓄の例：放課後児童クラブ

なお、岩手県大船渡市は東日本大震災の津波被災地であり、その際に全国から受けた支援の恩返し・恩送りとして、自治体と利用者の保護者から賛同いただき社会的備蓄が実現した。

三重県東員町では、企業版ふるさと納税制度により公園内にコミュニティカフェ（40フィートサイズユニットの5連結平屋）が設置され、地域の特産品を利用したスイーツの製造と販売に利用されている（写真4）。災害時は厨房施設を活かして災害食の給食施設や仮設住宅団地内の集会所などの利用を想定している。

南海トラフ地震による津波浸水被害が想定されている三重県南伊勢町は、企業版ふるさと納税制度を利用して、高台に移転した病院の隣地に移住交流促進を目的とした多目的施設（40フィートサイズユニットの5連結2階建）等を整備し、現在、民間の管理運営者を選定するためのサウンディングを予定して

三重県東員町

40ft × 5 連結

1 階

写真4　応急仮設住宅の社会的備蓄の例：公園内コミュニティカフェ

いる（**写真5**）。災害時は避難所やＤＭＡＴなどの受援施設としての利用を想定している。

当協会が会員企業と企業版ふるさと納税制度を利用し自治体に整備した社会的備蓄は全国で12自治体（２０２４年12月現在、**表1**）。企業版ふるさと納税制度は２０２４年度までの時限の制度であったが令和7年度から3か年延長された。社会的備蓄を加速するためには、国の各種交付金や補助金、過疎債や個人版ふるさと納税制度を利用したクラウドファンディングなどの財源確保が課題となる。

なお、公民連携による社会的備蓄の整備と管理運営の手法には、公設民営のほか、「指定管理者制度」（住民サービスの向上と経費の節減などを図るために公共施設管理を株式会社やＮＰＯなどの民間事業者に包括的に代行させることができる地方自治法上の制度）、「ＰＦＩ」（Private Finance Initiative：公共施設等の建設、維持管理、運営等を民間の資金、経

三重県南伊勢町
本館
40ft × 5 連結
2 階
別館
40ft × 4unit

写真 5　応急仮設住宅の社会的備蓄の例：滞在型多目的施設（避難施設）

営能力及び技術的能力を活用して行う手法）、「ＬＡＢＶ」（Local Asset Backed Vehicle：自治体が公有地を現物出資し民間事業者が資金を出資して設立した合同会社等の事業体が公共施設と民間の収益施設を複合開発し管理運営する協働の仕組み）、「ＳＩＢ」（Social Impact Bond：自治体が運営資金を民間投資家から募り後に自治体が民間投資家へ成果に応じて報酬を支払う社会的課題解決の仕組み）などがある。

また、ＳＲＩ（Socially Responsible Investment：投資対象企業の環境や社会に対する貢献を評価し投資する手法）やＥＳＧ（Environment Social Governance を考慮した投資活動や経営・事業活動）向けの社会的備蓄ファンド、Ｊ－クレジット制度、大都市圏と森林を有する過疎自治体との連携した木造モバイル建築ユニットの社会的備蓄といった、民間のソーシャルなビジネスモデルを活用した社会的備蓄の推進が求められる。

	階数	ユニット数	引き渡し日	備考
	2	14	2022年1月	7連結2階建て
	1	5	2022年3月	5連結
	2	14	2023年3月	7連結2階建て
	1	2	2023年3月	2ユニットで1セット
	1	1	2023年3月	旧・キャラバン用ユニット
	1	2	2023年3月	2連結
	1	1	2023年3月	
	1	1	2023年3月	旧・分棟E（キャラバン）
	2	10	2022年3月	5連結2階建て
	1	4	2022年3月	2ユニットで1セット×2セット
	1	2	2023年3月	単独・20FT
	1	3	2022年12月	単独・20FT
	1	1	2023年2月	トレーラー型
	1	5	2022年8月	5連結
	1	5	2022年10月	5連結
	2	10	2023年3月	5連結2階建て
	1	5	2022年12月	5連結
	1	8	2023年3月	4連結×1、2連結×2
	2	14	2023年6月	7連結2階建て
	1	5	2023年6月	5連結
	1	2	2022年5月	単独
	1	1	2022年3月	単独
	1	2	2022年3月	トレーラー型 / 夕日の郷松川
	1	2	2023年7月	大洗キャンプ場
	1	6	2023年9月	6連結
	1	1	2024年11月	梅林公園キャンプ場
	1	12	2024年3月	12連結

表1　公民連携による社会的備蓄の整備状況（完了分）138 ユニット

	団体名	現在の正式名称・用途
1	茨城県境町	ホッケー場クラブハウス
2	茨城県境町	静小学校放課後児童クラブ
3	茨城県境町	R&D センター本館
4	茨城県境町	R&D センター A 棟
5	茨城県境町	R&D センター B 棟
6	茨城県境町	R&D センター C 棟
7	茨城県境町	R&D センター D 棟
8	茨城県境町	サッカー場クラブハウス
9	三重県南伊勢町	南伊勢ワークスペース本館
10	三重県南伊勢町	南伊勢ワークスペース宿泊棟
11	愛知県幸田町	コンテナハウス消防署内・ワークスペース
12	愛知県幸田町	コンテナハウス三ヶ根駅東口・ミニ図書館
13	愛知県幸田町	コンテナハウス清幸園・展示品
14	三重県東員町	マメマチ CAFÉ
15	茨城県つくばみらい市	コミュニティスペースみらい
16	大分県由布市	庄内モバイル交流館
17	大分県由布市	子育て支援センター
18	三重県松阪市	キャンピングパーク別棟・会議室
19	愛知県常滑市	明和児童館
20	岩手県大船渡市	おきらい放課後児童クラブ
21	徳島県松茂町	マツシゲートコンテナコテージ・グランピング施設
22	茨城県大洗町	町役場会議棟
23	茨城県大洗町	コンテナキャビン・グランピング施設
24	茨城県大洗町	コンテナキャビン・グランピング施設
25	三重県いなべ市	複合温泉施設
26	三重県いなべ市	コンテナキャビン・グランピング施設
27	佐賀県上峰町	放課後児童クラブ

column

社会の堅牢性を高めるためにモバイル建築が果たす役割

三重大学大学院工学研究科 教授
みえ防災・減災センター 副センター長
(一社)日本モバイル建築協会 技術アドバイザー
川口淳

官学共同で設立したみえ防災・減災センター

三重県と三重大学は、2014年4月に共同でみえ防災・減災センターを設置した。

2002年に大規模地震対策特別措置法（大震法）が改正になり、東海地震の震源域の見直しを受けて、三重県のかなりの部分が地震防災対策強化地域の対象になった。加えて、翌年には東南海・南海地震に係る地震防災対策の推進に関する特別措置法が施行になり、県内の全市町が同法に基づく東南海・南海地震防災対策推進地域に指定された。

こうした動きを受けて三重県では、来たる大地震に備えるためのアクションプランを策定しようということになり、三重大学と様々な共同研究を行うことになった。その後、東日本大地震の発生によって、より恒常的な防災・減災の取り組みを進めていく必要があると県と大学が認識し、みえ防災・減災センターを設置することになった。

同センターでは、現在、人材育成、地域や市町村および企業の支援、調査・研究、情報収集・啓発といった活動の柱を通じて、三重県全体で防災・減災力の向上や意識の醸成に取り組んでいる。恐らく、こうした取り組みは、全国的に見ても初めての試みである。

センター長を三重大学理事の酒井俊典先生が務め、私は副センター長という立場で活動に携わっている。

一方で三重大学の学内組織として、地域防災・減災研究センターという組織があり、学内の様々な分野の研究者が横断的に集まり、地域の防災・減災力を向上していくための教育・研究などを進めている。こちらの方は私がセンター長を務めている。

現状の仕組みだけで充分な量の仮設住宅、復興住宅を供給できるのか

地域の防災・減災のあり方を研究していて痛感するのは、南海トラフ巨大地震の被害想定を考慮すると、現在の応急仮設住宅の供給方式では十分な量の住まいは確保できないだろうということ。失われる住戸の数や避難生活を強いられる人々の数の想定を見れば、単一自治

体で土地や仮設住宅を建設するためのリソースを確保することが困難であることは明らかである。

地震発生後に慌てて、（一社）プレハブ建築協会に応急仮設住宅の建築を要望しても、十分な量を確保することは難しい。広域に二次避難をしながら見なし仮設なども活用することになるだろうが、それでも量的な充足には至らないのではないか。三重県だけで考えても、今の仕組みだけでは〝お手上げ〟という状況になる懸念があるのだ。

住宅を再建するフェーズにおいても、リソースが足りなくなることが想定されている。三重県では南海トラフ地震のレベル1の想定でも約7万棟が倒壊すると言われている。我々の試算では、このうち2万5000棟くらいは再建が必要になると見ている。三重県の最近の住宅着工戸数は年間9000棟程度。大地震が発生すれば、建設業もダメージを受けるだろう。そうなると、住宅供給能力はさらに低下すると考えた方がいい。

みえ防災・減災センターでは、三重県全体で防災・減災力の向上や意識の醸成に取り組んでいる

他の地域の支援を受けるにしても、震災直後の迅速な対応、さらにはその先の復興に向けた道のりが容易ではないことが分かる。

モバイル建築も選択肢に加えたベストミックスを

こうした事態に対応するためには、まずは発災前にそれぞれの地域におけるベストミックスを検討しておく必要がある。これまで同様のプレハブによる応急仮設住宅、民間や公的な賃貸住宅、さらには空家を活用したみなし仮設、恒久利用可能な仮設住宅といった様々な住宅供給手段を総動員して、ベストミックスを検討しておくことが重要になる。

このうち恒久利用が可能な仮設住宅については、あらかじめ高台移転などの移転先候補を決めておき、そこに恒久利用できる住宅を建築していけば、復興に向けた住宅再建も同時に行うことが可能になる。そして、そのベストミックスを考える上でモバイル建築も重要な役割を担うことになるのではないか。モバイル建築は「動かせる」という特徴を備えている。平常時からモバイル建築を地域内で活用することで、社会的な備蓄が可能になり、非常時にはそのモバイル建築を移築し、仮設住宅として活用することもできる。

（一社）日本モバイル建築協会では、地域産材を活用してモバイル建築を平常時から建築していくことを進めようとしている、三重県は森林資源が豊かな地域であるため、地元の木を使いながらモバイル建築を地域内に建築していけば、産業の発展にも役立つし、人材の育成などにもつながる。例えば、モバイル建築を活用して公共施設や福祉施設、幼稚園などを整備しておき、災害時にはそれを仮設住宅、さらには災害復興住宅に転用するという流れが出来てくると、地域の減災・防災力は確実に向上していくはずだ。

災害後の明確なビジョンに基づく「地域の看取り」も視野に入れた事前復興計画

地域の防災・減災を考えるうえで、事前復興計画を明確にしておくことが不可欠である。ポストディザスター（災害後）の明確なビジョンを持った地域づくりを震災前から進めておくべきである。

大規模災害後のビジョンを検討する上で、「集落の看取り」も必要になるのではないかと提言している。この点については反論や反発も多いかと思うが、「看取り」ということは見捨てるのではなく、「愛情を持って最期まで目をかけていき、天寿を全うしたら思い出を大切にしながらも仕舞っていきましょう」ということ。能登半島地震でも一部で表面化していたが、既に存続限界集落となってしまうことが分かっている地域において、二次避難で他の地域に移住してもらった方々を再び被災地に戻すことがいいのだろうか。

その地域を見捨てるのではなく、被災後にいち早く復興の道筋を示し、なおかつ被災を契機として持続可能な地域づくりへ進めていく――。そういう将来ビジョンを備えて事前復興計画を発生前に検討していくことが必要になる。実際に三重県では、保育園などを高台に移転するといった取り組みが既に始まっている。

こうしたポストディザスターを見据えて事前復興計画を考えていく上で、モバイル建築が果たす役割は大きい。例えば将来的に人口を集中させていきたい地域に集中的にモバイル建築を建築していき、平常時は公共施設や学校、保育園などとして活用し、災害時には仮設住宅、さらには恒常的な災害復興住宅に転用していくといったことも考えられる。

モバイル建築は庁舎などが使えなくなった場合の拠点の確保にも活用可能

私はエクアドルの防災教育担当としてＪＩＣＡ（国際協力機構）の仕事もしている。エクアドルの自治体の危機管理担当者などを日本に招いて、ＪＩＣＡで研修をやっていた。熊本地震の直後にエクアドルでの地震が発生した時に、現地に行き復興支援なども行った。その際に市役所が被害を受けたので、コンテナを使って市役所の機能を継続していた。このコンテナがあるか・無いかでは緊急時の対応力は格段に変わる。

コンテナがない地域では、テントを災害対策本部にしていたが、セキュリティや精神的な安心感という点ではコンテナがある方が災害対応に集中できるということを実感した。

能登半島地震では緊急消防援助隊がテントを持っていたそうだが、1月の能登でテントを拠点にすることを想像して欲しい。とても支援に集中できないのではないだろうか。

内閣府が策定した「市町村のための業務継続計画作成ガイドライン」では、市区町村が災害時に業務を継続するための6要素を示している。その2番目に示されているのが、「本庁舎が使用できなくなった場合の代替庁舎の特定」である。

モバイル建築を恒常的に使用していれば、エクアドルの方々がコンテナを活用したように、緊急時に庁舎が使えない場合に市町村の拠点として活用することもでき

エクアドルでは地震の後にコンテナを代替庁舎として利用していた

る。こうした視点も踏まえて、モバイル建築の社会的備蓄を進めていくべきである。

モバイル建築を災害で得た反省点を改善するツールに

この国は災害大国であり、発生する災害も激甚化している。地球温暖化問題や地震の活発期に入ったといったことも災害が激甚化している理由のひとつではあるのだろうが、我々の社会の弱体化が関係していることも事実である。自然が起こすことはコントロールできないが、社会の堅牢性を上げることは実現可能だ。モバイル建築は、これまでの災害で得た反省点を改善するための非常に有益なツールになり得る。想定外の被害さえも克服するためには、プレハブの応急仮設を供給する、テントを活用するといったレガシーな対策も残しながら、モバイル建築のような新しい対策も講じていくべきである。

2章

能登半島地震が突き付けた仮設住宅の限界と住宅業界が抱える根本的課題

一般社団法人日本モバイル建築協会 代表理事
立教大学大学院社会デザイン研究科 教授
長坂俊成

過疎地域ではコミュニティ分断の懸念がある みなし仮設住宅

この章では、（一社）日本モバイル建築協会が、能登半島地震で初めて恒久仕様型の応急仮設住宅を供給した経験を通じて知り得た現在の応急仮設住宅をめぐる諸問題、その問題の先にある住宅業界が抱える根本的課題について述べていきたい。

現行の災害救助法に基づき被災者に供与される応急仮設住宅には「賃貸型応急住宅」と「建設型応急住宅」の2種類がある。賃貸型応急住宅は既存の賃貸住宅の空き家・空き室などの住宅ストックを活用するもので、一般に「みなし仮設住宅」と呼ばれ、本設仕様の住宅であり避難生活のＱＯＬの向上や早期入居が可能、建設型応急住宅と比較してコストが抑えられるなどのメリットがある。ただし、過疎地域が被災した場合には、被災地内で安全かつ良好な賃貸住宅を必要量確保することが困難となり、被災地外の賃貸住宅や他市町村の公営住宅など、被災地から離れた広域避難とならざるを得ない。

広域避難は家族や地域コミュニティを分断し、高齢者等が避難先で孤立したり、農業・漁業・酪農業などの生業の場と住宅が離れてしまったりするなどの問題が生じる。このように被災地外の市町への長期・広域避難は、高齢者などが避難先で孤立するリスクが高まり、就労や就学などの理由から避難先に定住する人が増え過疎化が進む恐れが高い。

終の棲家にもなり得る仮設住宅
従来型のプレハブ建築でQOLを確保できるのか

一方、建設型応急住宅は一般にプレハブ仮設住宅と呼ばれ、災害発生から20日以内に着工し、供与期間は原則2年以内とされ、使用後は解体撤去される。災害公営住宅の完成や自宅の自力再建が遅れる場合には国との協議を経て供与期間を延長することができる。近年の大きな災害においては延長を繰り返した結果、仮設住宅に長期間居住する例が増えており、居住者のＱＯＬの点からも大きな社会問題となっている。

なお、東日本大震災ではすべての仮設住宅が解消するまでに延長を繰り返して10年かかっており、高齢者にとって終の棲家となってしまった例も多かった。

災害救助事務取扱要領（２０２３年６月版）によると、国は建設型仮設住宅、賃貸型応急住宅のほか、「その他適切な方法」による応急仮設住宅として、「個々に移動又は設置が可能な、いわゆるコンテナハウス、トレーラーハウス、モバイルハウス及びムービングハウスなど（以下「コンテナハウス等」という。）多様なタイプの住宅」を例示し、供与までの期間、方法、建設コスト等を勘案して、建築基準法上の取扱いに準拠させた上で、仕様等が応急仮設住宅として適切かどうか都道府県（特定行政庁）の判断により、その活用の促進を推奨している。

現在、建設型応急住宅として主に利用されているプレハブ仮設住宅はプレハブ工法による規格建築であり、鉄骨を用いた組立ハウスおよびユニットハウスがある。平時は建設現場の仮設事務所などの用途で利用されるストックを、被災地に建設型応急住宅として有償でリースするビジネスである。プレハブ仮設住宅はもともと構造が仮設建築物として設計されているため、一般住宅と比べて断熱性や遮音性、省エネ性が低く、一般住宅と同等の住宅性能を提供することができない。そもそも、10年近くも使用することを前提としていないため、入居者のＱＯＬの確保という点で課題がある。

また、恒久住宅として転用することができないため利用後は解体撤去され、大量の廃棄物が発生し環境負荷が高い。プレハブ仮設住宅の事業者団体は全国のすべての都道府県と斡旋協定を締結しており、建設型応急住宅において高いシェアを有している。

建設型応急住宅の一戸当たりの規模は以前の内閣府告示では平均29・7㎡（9坪）を標準とする規格が定められていたが、現在は面積の規格は廃止され、都道府県などの実施主体が地域の実情、世帯構成などに応じて設定することが認められた。しかしながら、プレハブ仮設住宅の面積は過去の規格である、単身用19・8㎡程度、小家族用（2～3人）29・7㎡程度、大家族用（4人以上）39・6㎡程度のまま維持されている。そのため、本設移行を前提とした木造モバイル建築を利用した応急住宅の面積も、プレハブ仮設住宅に入居される被災者との公平性を理由として、低い水準に合わせるといった不合理な運用がされている。避難生活の長期化の視点から、本設移行できる木造モバイル建築については面積規模を1人当たり25㎡以上の水準を引き上げる社会的コンセンサスが求められる。

高騰する仮設住宅の建築費
モバイル建築でもコストには大差なし

建設型応急住宅の設置に係る費用の一般基準は国が定めており、毎年の物価変動により見直される。

厚生労働省調べによると2000年以降の戸当たり単価の一般基準は約230万円程度で推移してきたが、実際の単価は一般基準の2倍程度となっていた。2011年の東日本大震災の宮城県のケースでは約730万円と一般基準の3倍を超えており、一般基準を大幅に超過した価格が特別基準として運用されてきた。また、2018年の北海道胆振東部地震では、寒冷地対応などプレハブ仮設住宅が戸当たり1350万円（40㎡）と高く、2年後に解体されほとんどが廃棄処分となった。

2024年8月1日内閣府告示では原材料費、労務費、付帯設備工事費、輸送費および建設事務費などの一切の経費として688万3000円以内が一般基準として定められている。この戸当たり単価の金額は、住戸の建設費に加え仮設住宅団地内に設置される談話室や集会所の建設費、敷地の造成費、追加工事費を含む費用を住戸の戸数で割った平均である。

能登半島地震で当協会が担当した、本設移行が可能な恒久仕様の木造モバイル建築を利用して建設された仮設団地のいくつかの事例における戸当たり単価は、最新の一般基準の2倍程度であり、プレハブ型仮設住宅の戸当たり単価とほぼ同額とのことだった。

新風を吹き込んだ木造仮設
オフサイト化による生産性向上を

建設型応急住宅にはプレハブ型以外に木造型応急仮設住宅がある。内閣府の「応急仮設住宅の供与」によると、木造仮設住宅は「地域で流通する木材（県産材など）を利用した木造軸組み工法を中心として、通常の木工事の施工技術で建てられる建築物である。地元の工務店が施工し、地域建材店から資材を購入した建築したもので、2×4工法やパネル工法などもあるが、主として全木協が建築する木造軸組工法を中心に整理」と定義されている。

内閣府の「東日本大震災における地域工務店等による木造応急仮設住宅」によると、在来軸組工法以外に、合理化システム認定SR工法、各材連結パネル化工法、壁パネル組み立て工法、枠組壁工法、木質系枠組パネル工法、外壁パネル工法、木造軸組板倉工法、木造板倉工法、木質パネル工法などが採用されている。

同資料の中では、乾燥期間がかかり乾燥材や地域材の調達が困難であったこと、地域材に限定せずに国産材の利用拡大を提案する声が紹介されている。解体後の部材の再利用についても各社の工夫が紹介されている。工期短縮のため壁材をパネル化（木板と断熱材を一体化したもの）などの工夫も報告されている。

また、1Kから3Kまでの異なるタイプの間取りに対応するため仕様部材の加工などに手間取ることや、平時に取引のない製材所やプレカット工場の資材調達が困難であったことなど、サプライチェーン上の課題も報告されている。木造仮設住宅は、東日本大震災では約1万7000戸、熊本地震では約700戸、2018年7月豪雨災害では約300戸などの供給実績が報告されている。

供給能力は月500戸とされており、工期は最短で3週間程度（うち大工工事は2週間程度、木杭基礎で上下水道や電気設備などの外部工事が整備済みの場合）、戸当たり単価は約500万円（2LDKタイプの追加標準価格。2019年2月時点）。地元工務店が施工し、地域建材店から関連資材などを購入するため、被災地域の復興支援につながることや、木造軸組はクレーン作業の必要がなく、狭小地での施工も可能であることが利点として挙げられている。

モバイル建築のオフサイト生産への期待は高まるものの、地元工務店の施工や地域建材店からの関連資材調達など、地域の経済復興を優先すべきか、被災者に対する応急仮設住宅の迅速な供給とのトレードオフを解消する工夫が求められる。

プレハブ建設型仮設住宅の施工にあたっては、現地で職人による工事を必要と

表1　応急仮設住宅の各方式比較

		プレハブ	木造	モバイル型（パネルユニット）	モバイル型（ボックスユニット）	みなし仮設（既存ストック）
供給	スピード	○	×	○	○	◎
	量	○ 規定により保証	△	○	○	地域差あり
	コスト	○規定	○規定	○規定	○規定	-
施工	現地施工比率	高	高	中	低	-
	職人調達	現地多	現地多	現地中 オフサイト生産	現地小 オフサイト生産	-
環境負荷	解体時廃棄物	多	多	小・再利用	小・再利用	-
居住性能	断熱性	×	○	○	○	○
	遮音性	×	○	○	○	○
本設移行	現地本設移行	×	×	○	○	-
	移築	×	×	○	○	-

する。しかし、ライフラインが途絶している被災地では職人が不足し、また、遠隔地からの応援を得られたとしても職人のための宿泊所などが必要になる。あるいは長距離通勤によって作業の効率が低下し、人件費も高騰するなど、被災地にかかる負担は大きい。このため大きな災害の場合、工事の完成・入居までに長い時間を要することもある。東日本大震災（2011年）で建設された応急仮設住宅は5万3194戸で、全ての仮設住宅の建設が完成するまで約8か月を要している。

居住性能に難があり入居までにも一定の時間を要するプレハブ型応急仮設住宅と、一般住宅の居住性能を持ち即入居できるが供給数や提供場所に課題がある賃貸型仮設をどう使い分けるかが、被災地の大きな問題となっており、応急仮設住宅を短期間に大量に建設するためには、現地施工比率を極力下げるオフサイト生産の拡充が不可欠であることは明らかである（表1）。

本設移行可能な応急仮設住宅がより重要に

国の大規模災害時における被災者の住まいの確保策に関する検討会が発表した論点整理（内閣府2017年）は、仮設住宅での生活の長期化や、建設資材や技術者が不足し本設の住宅供給が遅れること、仮設住宅の建設用地と本設の復興公営住宅の建設用地との競合などを想定し、応急対策と復旧・復興対策を連続して一体的に実施することが提案されている。具体的には、当初から建築基準法に適合する本設移行可能な応急仮設住宅を供給することと、それに伴い増加する費用負担のあり方について検討することを提案している。

同論点整理の参考資料には、「応急仮設住宅を設置する都道府県等が、その判断の下に、その供与期間を超えて継続して恒久住宅として被災者に提供しようとする場合は、住宅の基礎等への追加工事等により建築基準法の現行規定に適合させることができれば、国に協議することなく、存続させることが可能」（2014年度の「地方分権改革に関する提案募集」への内閣府・国土交通省による回答より）との解釈が示されている。また、内閣府の「応急仮設住宅の供与」に「建設型応急住宅の設置のために支出できる費用」として、例えば、壁、天井、床下への断熱材等の補強、窓の二重サッシ化、複層ガラス化等（騒音・防寒対応）、トイレの温水洗浄機能付き暖房便座化、浴槽の追い炊き機能の設置、バリアフリー化など、恒久仕様の設備や性能に近い対応が求められている。

先の内閣府の論点整理では、「東日本大震災では、応急建設住宅について入居後にも外断熱工事や風除室の追加、玄関スロープ・住戸内手すり等の設置、風呂の追い炊き機能の追加など、数多くの追加工事が必要となり、結果的に多くの時間と多額のコストがかかった」と応急仮設住宅の課題が認識されていて、供給スピードと品質、コストの改善が求められており、こうした仕様に適合した恒久仕様の木造モバイル建築の必要性、優位性を確認することができる。

これは、恒久仕様の木造モバイル建築を応急仮設住宅として使用（動くみなし仮設住宅）し、利用後に現地または移築先で本設の災害公営住宅に移行することや、被災者に払い下げ自宅の自力再建を支援するという筆者の提案と同じ趣旨と解される。このような新たな供給方式は２０１６年の熊本地震では例外的に本設移行可能な木造仮設住宅が供給されたものの、その後、政策的には一般的な供給方式としては認められてこなかった。

また、プレハブ仮設住宅や木造の建設型応急住宅などの建設型応急住宅は、被災地で大工などの職人が一から建設するため、被災地のライフラインや宿泊施設の被害、職人不足などにより、短期間で大量に供給することは困難となることが明らかであるにもかかわらず、その対策は講じられていない。

被災者の居住福祉をシームレスに支援する「被災者住宅確保法」の創設を

筆者は、災害救助法による応急救護に限定された応急仮設住宅の在り方を抜本的に見直し、仮設住宅の後に本設の災害公営住宅という過程にこだわらず、応急仮設住宅や災害公営住宅、個人の自宅の自力再建などにより被災者の居住福祉をシームレスに支援する「被災者住宅確保法（仮称）」の創設を提案する。

新制度によって恒久仕様のモバイル建築を利用した応急仮設住宅の一般公営住宅への転用や、本設用地が確保できる場合は仮設住宅をスキップして本設住宅をパラレルに供給すること、高齢者や障害のある方々のケアや見守りを考慮した入所施設（グループホーム型やシェア型のサービス付き高齢者住宅など）の供与を可能とすることにより、災害関連死を予防し、暮らしの再建と地域の復興を加速することができるものと考える。

応急仮設住宅がそのまま災害公営住宅に移行すれば、この用地競合問題は解決する。特に南海トラフ地震の被害想定地域では津波の被害を受けない高台に仮設用地を確保することは困難であり、加えて本設の災害公営住宅を建設する用地も大幅に不足することが指摘されている。

そのため、応急仮設住宅入居→災害公営住宅建設→災害公営住宅入居→応急仮設住宅解消という従来の発想では、充分な被災者の住宅が確保できない可能性がある。また復興計画とは別に、地域の過疎化対策として実施されるコンパクトシティ化にも、段階的移築で対応できる。

なお、応急仮設住宅を本設の災害公営住宅に転用するためには、公営住宅法が適用されると、入居者資格や賃料発生、整備基準緩和などの問題が生じるため、災害救助法から応急仮設住宅を外し、公営住宅法とのつなぎとして、仮設住宅法（仮称）を提案する研究や災害公営住宅を規定する公営住宅法の改正などの試案が提案されている。

実務では、災害救助法でリースした恒久仕様の応急仮設住宅を仮設解消後に市町村が本設移行する際に、災害公営住宅には位置づけずに、その他の公有住宅とすることで、入居資格や賃料減免といった面で柔軟な運用が図られている。恒久仕様の木造モバイル建築を災害救助法上の応急仮設住宅として整備する際に、災害救助法上は応急仮設住宅の面積要件は撤廃されているため、自治体の裁量で居室の一人当たりの面積を25㎡以上として整備できる。また、バリアフリーなどの要件にも対応しているため、災害公営住宅に位置付けたとしても、整備基準緩和などの問題が生じることはない。あくまでも、一般公営住宅法に基づく入居資格や募集方法、賃料減免、資力要件などを緩和し、減免できる法制度の整備で本設とのリンケージは実現可能だと考える。

能登半島地震で261戸のモバイル建築を供給 本設移行を考慮し建築関係法規などに適合

2024年1月1日に発生した能登半島地震において、石川県は応急仮設住宅（災害救助法に基づく建設型応急住宅）を159か所（発注後は184か所）、6882戸供給した。このうち、プレハブ型を除く本設移行可能な木造仮設住宅は、まちづくり型が27か所、1570戸、ふるさと回帰型が4カ所、33戸となっている（**表2**）。

能登半島地震の石川県の資料によると着工から完成引き渡しまでの工期は最短19日（一団地18戸）、最長192日（一団地72戸）。平均工期は従来型57日（モバイル型を含む）、まちづくり型114日（現地で本設移行するモバイル型を含

表2　R6年能登半島地震における応急仮設住宅建設数【石川県発注分（地震）】

市町村名	建設（発注）数	団地数	建築戸数			
			総数	建設型	まちづくり型	ふるさと回帰型
七尾市	16	13	575	575〔99〕	0	0
輪島市	52	44	2,897	1,795	1102〔159〕	0
珠洲市	55	45	1,718	1,427	288	3
羽咋市	2	2	67	67	0	0
内灘町	6	6	95	75	0	20
志賀町	11	10	393	235	158	0
宝達志水町	1	1	4	0	0	4
中能登町	3	3	30	30	0	0
穴水町	20	19	532	504	22	6
能登町	18	16	571	571〔3〕	0	0
合計	184※	159	6,882〔261〕	5,279〔102〕	1,570〔159〕	33

〔〕内数字は日本モバイル建築協会が斡旋

【情報元】石川県HP　https://www.pref.ishikawa.lg.jp/kenju/saigai/r6oukyuukasetsujyuutaku.html
https://www.pref.ishikawa.lg.jp/kenju/saigai/documents/241224_oukyukasetsu.pdf
応急仮設住宅の進捗状況（2024年12月24日時点）の公開データを元に、日本モバイル建築協会で数字化
※団地内に複数建設（発注）されている所もあるため、建設発注数（184件）と団地数（159か所）は異なる。
石川県が発注した1月発生の地震対応分のみ。

む）、ふるさと回帰型108日となる。能登半島地震における木造仮設住宅は本設移行可能なまちづくり型のため、実際の工期は3か月以上かかっており、現地施工の工期短縮は限界があることは明らかである。なお、当協会が担当した仮設団地の中には土地の造成や敷地境界の確定のための測量、地権者の立ち合いによる杭打ちなどに1か月以上を要したケースがあったため、着工から引き渡しまでの工期が長くなっているが、それらを除くと実質的な工期は2か月以内となっている。

当協会は石川県の要請を受けて、県との協定に基づき、会員各社と協力し恒久仕様の木造モバイル建築を利用した、本設移行可能な建設型応急住宅を8月末までに261戸供給した（**図1、写真1**）。うち、2か所に集会施設を併設した。住戸の間取りと床面積規模は、会員各社のユニットサイズによって多少の違いがあるが、おおむね1K（約22〜23㎡）、1K車いす対応（約34〜

図1　能登半島地震　木造モバイル建築の実績と活用

1　応急仮設住宅：261 戸
・災害救助法に基づく　恒久仕様・本設移行可

2　支援者用仮設宿泊所：230 戸
・受援環境の整備　（中小機構補助事業）

3　仮設工房：57 戸
・漆器産業・伝統工芸の再生支援　（中小機構補助事業）
・さらに追加で建築調整中

4　仮設商店街：5 戸（建築調整中）
・なりわいと復興まちづくり再生　（中小機構補助事業）

5　復興ボランティア活動ベース：10 室　（建築中／追加調整中）
・輪島市町野町の復興に従事するボランティアの活動拠点づくり
・企業版ふるさと納税制度による寄付と会員企業による無償貸与、支援団体からの費用支援などで実現。

6　輪島市復興デザインセンター：2 棟（伝統工芸・商工復興支援）
・山梨県丹波山村、愛知県常滑市のクラウドファンディング（ふるさと納税）、一般の方々からの寄付等を原資とする現物寄付

写真1
能登半島地震　木造モバイル　仮設住宅

移築先で本設移行する計画のため恒久仕様の木造モバイル建築を利用しているが、プレハブ仮設と同じ「従来型」のカテゴリーに分類された

35㎡）、2K（約32〜35㎡）、3K（約43〜46㎡）である。

プレハブ仮設住宅の面積規格の水準に合わせることを求められたため、当協会の会員各社は同じ戸当たり単価で面積を広くすることが可能であったにもかかわらず、低い水準にとどまった。これによって、1Kタイプについては仮設解消後本設移行する際に、そのままでは国が定める公営住宅の一人当たり最低居室面積25㎡未満となってしまう。現地移行の場合は2戸を1戸にリフォームすることや、移築する場合はユニットを追加するなどの対応が求められる。

今後、高齢者の孤立対策も考慮すると25㎡未満の1Kは無くし、2Kで統一し、家族世帯は世帯分離し隣り合わせで入居するなどの運用が必要だ。その結果、世帯割合の調査による発注の遅れを抑え、モバイルユニットの生産効率も高まるため、工期短縮とコスト軽減が期待できる。さらには本設移行する場合の居住水準の確保も可能となる。なお、耐震等級、断熱等級は先述の協会が推奨する基準を達成している。

担当した仮設住宅団地数は輪島市が4か所、七尾市3か所、能登町1か所、計8か所となる。8か所のうち、七尾市の1か所（50戸）は恒久仕様の木造モバイル建築ユニットを利用しているが、跡地を他の用途で利用する計画があるため木造仮設住宅（まちづくり型）ではなく、建設型に位置づけられ仮設解消後は

写真2　能登町の事例

移築して本設移行される計画である。その際、被災者個人に個別に払い下げることも検討されている。

　また、能登町の仮設団地（3戸：移築後に本設後の計画のためプレハブ仮設と同じ従来型に分類）は、ろうあの方々が「被災後に集住し近隣する就労支援施設の支援者の方々に見守られて暮らしたい」との要望に基づき設置されたものであり、仮設解消後はそれぞれ自宅があった敷地に移築して本設移行するか、まとまって別の場所に移築するかのいずれかの選択ができることを想定して、恒久仕様の木造モバイル建築が採用された（**写真2**）。輪島市内の仮設団地4か所、159戸はすべてまちづくりに分類される。うち1か所（2階建30戸）は、輪島病院の被災された医療関係者のみが入居する応急仮設住宅として供給され、仮設解消後は現地で本設の職員住宅に移行する計画である。

　このように本設移行を前提として応急仮設住宅を建設する場合にも建築基準法第85条2項の緩和規定が適用される。仮設解消後本設に移行する際に既存不適格とならない

写真3 本設移行する応急仮設住宅の例

ように、本設の場合の建築関係法規や都市計画などにすべて適合するように事前調査し建築計画を立てる必要がある。

今回の震災対応では、敷地に関する公図や測量データ、地盤情報、接道、上下水などのインフラ状況、排水、電力の引き込み、都市計画、地区計画、災害警戒区域、景観条例などの事前調査や配棟計画が無かったため、本設同様の建築計画に係る調査に1か所で数週間以上かかってしまった。平時から農地などの民地を利用する仮設候補地も含め、仮設用地の建築計画情報を自治体と斡旋団体が共有し、災害時に速やかに建築計画を確定し迅速に発注することで工期短縮を図ることが求められる。

通常、法人から個人に有価物を無償譲渡した場合、時価で譲渡したものとして売却益が発生すれば法人税が課税される場合がある。他方、譲り受けた個人には所得税が課税されることとなる。石川県と事業

写真4　能登半島地震　木造モバイル　支援者用宿所　230戸

施設名	市町村名	戸数	ユニット数
のと里山空港仮設宿泊所	輪島市	180	160
穴水のとふれあい文化センター仮設宿泊所	穴水町	50	50

被災事業者が旅館業法により宿泊施設を共同運営

輪島市
のと里山空港仮設宿泊所

穴水町
穴水のとふれあい文化センター仮設宿泊所

者との契約形態が外形上賃貸借契約であるため、仮設解消後に市町を介さずに事業者から被災者個人に直接無償譲渡すると贈与とみなされ事業者が課税されるとの解釈により無償譲渡には応じられないといった問題が生じた。そこで、石川県と契約した会員企業が所轄の税務署と協議した結果、税務署から県と事業者との賃貸借契約（リース契約）は税法上売買契約とみなすとの解釈が得られたため、事業者から被災者個人に直接無償譲渡しても課税されないことが明らかとなった。そのため、一旦市町に無償譲渡しその後被災者個人に無償譲渡するといった煩雑な手続きの負担が回避されることとなった。この解釈が全国で通用するように、国税庁から文書による回答を得る手続きをとった。

支援者用の仮宿所も整備

応急仮設住宅とは別に、石川県からの要請に基づき、木造モバイル建築を用いて、他県からの応援派遣職員などが宿泊するための支援者用仮宿所230棟（のと里山空港隣接地に180棟、穴水町にあるのとふれあい文化センターに50棟）を供給した（**写真4**）。これらの受援施設の整備は国のプッシュ型支援として迅速に整備すべきものと考える。これらの仮宿所は、石川県が（独行）中小企業基盤整備機構の補助事業で整備し、被災した宿泊事業者と能登半島広域観光協会が旅館業法に基づき宿泊施設として営業している。なお、支援者仮宿所のリース期間は5年。使用後は被災地のキャンプ施設などに移築して本設の宿泊施設として転用することや、ミニキッチンを装備しているため地域おこし協力隊の宿舎として利用できる。

政府も多様な仮設住宅に注目
社会的備蓄にも言及

内閣府は能登半島地震に係る災害応急対応の自主点検レポートにおいて、移動型車両・コンテナなどが被災地における迅速な支援の実施に効果的であったとして、今後、災害時に活用可能なトレーラーハウス、ムービングハウス、コンテナハウス、トイレトレーラー、トイレカー、トイレコンテナ、キッチンカー、ランドリーカーなどについて、平時からあらかじめ登録し、データベースを作成するといった、被災地のニーズに応じて迅速に提供するための仕組みを検討するとの方針が示されている。モバイル建築においても、社会的備蓄を推進し、非住宅の受援施設や避難所生活を支援する体制整備が課題となる。

政府の中央防災会議の「令和6年能登半島地震を踏まえた災害対応の在り方について（報告書）」では、被災者ニーズに寄り添った多様な仮設住宅の早期確保に関する現状と課題として、「今回の災害においては、プレハブ住宅に加え、自宅再建が困難な方が恒久的な住まいとして活用可能な木造仮設住宅（まちづくり型・ふるさと回帰型木造仮設住宅）や、紙を素材とした仮設住宅が建設されたほか、ムービングハウスやトレーラーハウスが活用されるなど、様々な事例が見られた」ことを報告している。

また、今後実施すべき取り組みとして「今回の災害において活用された、木造仮設住宅やプレハブ住宅、ムービングハウス、トレーラーハウスについて、それぞれのメリット・デメリットについて、特徴や供給スピード、供給可能戸数等の観点から、整理する必要がある」ことや、「プレハブ住宅は2年間で解体されリサイクルも困難なので、仮設期間終了後、一定の改修工事を経て、被災者の恒久的な住まいとして活用できる木造仮設住宅の建設を積極的に推進していくべきで

写真5　木造モバイルによる仮設工房。ユニットサイズは約 7m ×約 2.1m。右側がユニットを２連結したもので２戸を供給（約 30㎡× 2）。左側がユニットを４連結したもので１戸を供給（約 60㎡× 1）

ある」などを挙げている。本設移行が可能な恒久仕様の木造モバイル建築の活用を踏まえた応急住宅の供給方針が示されたのだ。

クラウドファンディングなどを活用し伝統産業の再生のための仮設工房も整備

輪島市から要請を受けて、伝統産業のなりわい再生を目的とした輪島塗の仮設工房を２０２４年12月1日までに3か所57棟（面積約30㎡が56棟、約60㎡が1棟）を供給した（写真5）。仮設工房については追加の設置要望があり、現在、公費解体によって更地となった民間の敷地を借り上げて２０２４年度内に設置する計画である。11月には当協会から輪島市に対して木造モバイル建築を利用した「輪島市復興デザインセンター」（本棟：木造モバイル建築3ユニットの連結・面積 約32㎡ 別棟：木造モバイル建築1ユニット・約13㎡）を現物寄付した。

これらの寄付原資は、ふるさと納税によるクラウドファンディング（山梨県丹村600万円、愛知県常滑市4万840円）及び当協会が実施した一般の方からの寄付57万7000円である。その他の輸送費や建築に関する工事費などは当協会が輪島市に寄付した。

同センターは輪島漆器の復興状況をPRする施設として利用し、災害発生時は医療的ケアが必要なケア児者ほか要配慮者に対して医療用電源などを確保できる一時退避施設として利用されることとなる。輪島市内では2024年度内に新たに仮設漆器工房7棟、仮設商店5棟、ボランティア活動ベース2か所などの設置を予定している。

仮設漆芸工房と仮設商店街については、輪島市が（独行）中小企業基盤整備機構の補助金を活用し整備し、ボランティア活動ベースは、企業版ふるさと納税制度を利用した当協会会員から現物寄付及び当協会会員企業から無償貸与された木造モバイル建築を活用して、2024年度末までに輪島市内2か所に整備し、2025年4月中には運用が開始される予定である。

仮設店舗や仮設事業所など非住宅系仮設への配慮を

これらの非住宅系仮設は、被災地の復旧・復興に不可欠なものであり、応急仮設住宅の供給だけではなく被災者の暮らしを支える仮設店舗や仮設事業所、福祉施設、またはそれらに従事する被災者以外の従業員宿舎などをほぼ同時に供給することが求められる。

今回、非住宅系の仮設については、特定行政庁から建築基準法第85条の２項ではなく6項の仮設建築物としての運用が求められた。それによって、本設同様の基礎に関する構造計算書を求められたり、使用期間の延長が認められないとの解釈が示された。

仮設店舗や仮設事業所については、入居者は被災事業者となるが、設置主体は被災自治体であり、応急仮設住宅と同様に災害対策を目的として整備するものである。そのため、非住宅の各種仮設についても2項を適用し迅速に供給し、被災の程度や復旧の進捗状況に応じて、使用期限の延長を認めるべきであり、国として全国の特定行政庁に助言すべきである。

初の応急仮設住宅の供給
事前協議によって生産性はさらに高まる

今回の能登半島地震での実践は、当協会にとって地震被災地での初めての経験であった。そのため、石川県とは事前協定がない中で、恒久仕様の木造モバイル建築の特性などを理解していただきながら、県が定める建設型応急住宅の仕様に適合させるための調整や設計変更が求められ、発注から着工までに時間を要した。

発災直後に当協会からモバイル建築を利用した応急仮設住宅の提案を受けた石川県側には、建設型応急仮設＝プレハブ建築という固定観念があり、モバイル建築の存在そのものが想定外だった。このため、モバイル建築の特長や、プレハブ仮設と同等の工期・コストで供給できるということを理解してもらうまでに時間を要した。

具体的には、県から工期、コストなどにおいてモバイル建築がプレハブ応急仮設と同等以上のパフォーマンスであることを証明するために、検証のための比較検討案（具体的な仮設住宅用地を想定した配棟計画、工程表、概算金額）の提出が求められた。

これを受けて、当協会から会員社に対して比較検討案提出をオファーし、条件が合致した社からの提案を県に示して、ようやく理解を得ることができた。この調整のために2～3週間の時間を要して着工がズレ込み、結果的には竣工ベースで2か月ほどの大きなタイムロスとなった。

また、比較検討にあたっては、面積や設備仕様についてプレハブ仮設と同一レベルに合わせることを求められた結果、ダウングレードなどを余儀なくされた。

事前にモバイル建築の性能・工期・コストなどについての理解があれば、プレハブ仮設との比較検討を求められることはなく、すみやかに応急仮設住宅の供給を開始できたはずである。今後は、事前に県や市町村に対してモバイル建築の周知をはかるとともに、事前協議を行いたい。

なお、2023年6月の内閣府政策統括官による応急仮設住宅に関する国の解釈には、面積要件の撤廃、多様なプラン・仕様の容認など、自治体の裁量を認める柔軟な姿勢が示されている。しかし自治体では旧来の運用をそのまま継続しているところも多いため、これの点については合理性の観点からも、事前協議の場で十分に議論される必要がある。

災害救助事務取扱要領（2023年6月版）を見ると、次の通り、国は応急仮設住宅の運用に際して被害の実態や被災地の実情に合わせて柔軟な解釈を示し、自治体の裁量権を広く認めていることがわかる。

- 個々の建設型応急住宅の建設に当たっては、1戸建て又は共同住宅形式のもの、共同生活の可能なものなど、多様なタイプのものを供与して差し支えないこと。
- 被災者の家族構成、心身の状況、立地条件等を勘案し、広さ、間取り及び仕様の異なるものを設置することも差し支えないこと、迅速性が要求されることから画一的なものの整備に陥りやすいが、時間的な余裕があれば、個々の身体状況や生活様式、単身や多人数世帯等の世帯構成等、様々な世帯の入居に対応できるよう、多様なタイプの応急仮設住宅を提供することがむしろ望ましいこと。
- 災害直後の心理的なケアを考慮し、デザイン、色彩等を工夫することにより、快適な生活環境を造ることも検討すること、大規模災害等で多くの建設型応急住宅を設置する場合、迅速性が要求されるため、同一敷地に同一規格のものを機械的に設置しがちであるが、長期化も想定されるので、できる限り設置後の街並みや地域社会づくりにも配慮し、安全性及び迅速性を損ねない範囲で、設置位置の工夫や、異なるタイプのものを組み合わせる等の方法を検討することが望ましいこと。

- 大規模災害等の発生直後においては、個々の需要の把握は極めて困難であることから、当該地域の平均的な家族構成、心身の状況等を勘案し、応急仮設住宅の供与を希望する世帯を集計し、当面は、それにより、広さ、間取り及び仕様の異なるものの割合等を定めて建設を始めることが現実的方法と考えられる。
- 市街地等で十分な建設用地が得られない場合には、省スペース化を図るため、炊事場、トイレ、風呂等を共用するタイプの設置も検討すること。
- 大規模な建設型応急住宅の建設に当たっては、完成までに時間を要するため、ライフラインの施工業者と連携を図り、小規模単位での完成・引渡しを行い、入居時期を早めることを検討すること。
- 高齢者・障害者等の利用に配慮した住宅の仕様はだれにとっても利用しやすいことから、通常の建設型応急住宅にあってもできる限り物理的障壁の除去された（バリアフリー）仕様とすること及び車椅子等に乗車したままでも日常生活が営めるよう工夫を施すことが望ましい。

しかしながら、国は同時に「建設型応急住宅の建設に当たっては、相応の理由があるときを除き、規格、規模、構造、単価等の面で市町村間の格差が生じ、被災者に不公平感を与えないよう、都道府県は広域的な調整を行うこと」を自治体に求めていることから、実際にはほとんど国が認めている柔軟な解釈運用がなされていない。

また、プレハブ型など、建設型応急仮設住宅の主要な供給団体は、自治体との事前協定に基づき規格化された商品を画一的に供給する仕組みが確立されており、長期利用や本設移行に配慮したデザインや仕様に対応することは困難となっている。恒久仕様の木造モバイル建築は、まさにこうしたニーズにこそ対応することで、被災者の心理的なケアに配慮しＱＯＬを高めることに貢献することが求められている。

能登半島地震での経験で明らかになった恒久仕様のモバイル建築の課題

当協会としても、発災直後の県への提案の際に、モデルプランを素早く提示できるように、汎用的な「当協会による応急仮設住宅標準プラン」を整備しておく必要があった。本設移行を前提とする建築物の場合、建築確認申請などが必要になるので、各県・自治体によって異なる建築に関する法規制などについても、事前に把握・確認しておくことが求められる。

国の応急仮設住宅に一般基準・特別基準や都道府県が定める応急仮設住宅の仕様（間取り、面積、地元材等の使用、バリアフリー、ライフライン接続など）、本設移行を前提とした場合に準拠すべき都道府県独自の条例等による住宅建設規制（接道など、集合住宅などの規制、景観条例、開発許可、積雪荷重など）を確認し、当協会が推奨する仕様と各会員の仕様（住宅・非住宅）をあらかじめ調整する必要がある。

見切り発車でオフサイト生産に着手できる体制整備を

供給に関しては、オフサイト生産の一番の強みである発災直後からの分散生産が開始できなかったことが反省点である。仮設団地の配棟計画などの詳細が確定する前であっても、規格化されたユニットの必要数を想定して「見切り発車」で製造に着手ができれば、さらに供給までの工期を短縮することが可能である。

内閣府は「応急住宅の供与」の中で、「大規模災害時は、応急仮設住宅の早期

写真6　現地で本設移行する応急仮設住宅（木の外壁　屋根形状　色彩により景観に配慮）

設置のため発災後当初は、一定の見込み戸数をもって一定戸数の早期発注・着工が重要となる。その後、被災住民への意向調査等によりニーズ把握を行い、追加で発注・着工することになるので、迅速な対応を図られたいこと。なお、ある程度空きが生じることはやむを得ないが、過度な空きが生じないように留意することとし、空きが生じた場合は内閣府と協議を行うこと。（不足が生じる場合は、追加で建設する等の工夫をすることとして、空きは全体の10～20％程度とするように留意すること。）」とし、見込みによる早期発注や空き室の許容程度も示している。

しかし現実には、応急仮設住宅の団地ごとに入居者の世帯数や世帯ニーズの確定を待って、さらに、世帯構成毎の戸数、配棟計画、間取りの内訳、外構も含めた仕様まですべて決定してからでないと、着手が認められず、早期にオフサイト生産に入ることができなかった。自治体との共通理解に加え、会員各社が過剰生産やミスマッチのリスクを恐れずに「見切り発車」で生産に踏み切れる体制を整える必要がある。

本設の市町有住宅（国や県の解釈上、災害公営住宅とは異なる）への転用を前提とした仮設住宅団地では、景観への配慮から仕様確定後に傾斜屋根（瓦葺き）や地域材を利用した木製の外壁などへの仕様変更が求められた（写真6）。これらの仕様変更に伴う設計変更や輸送計画の変更、材料調達などにより、当初予定していた工期を延長せざる得ない事態が生じた。

実際には地域材や瓦の調達が困難となり、地域材は国産材で代替し、瓦は板金屋根が採用された。なお、木造モバイル建築は基礎や給排水設備の工事に先立ってユニットをオフサイトで製造し、間取りもユニットの組み合わせで構成できるため、団地毎の全体仕様が確定しなくとも規格化されたユニットを想定される数だけ先行発注し製造に着手できれば、さらに工期を短縮できる可能性がある。

今回の実践では2年後の仮設住宅解消後に市町に払い下げ、本設の市町有住宅に転用することや、被災者が所有する民地に移築し自宅の自力再建を支援するなど復興を加速する新たな選択肢を具体的に示すことができた。なお、本設移行時に2戸を1戸にする改修やユニットの追加がしやすい設計上の工夫が求められる。

大規模災害時に資材や設備が不足する中で大量の応急仮設住宅を短工期で供給するためには、一般住宅のように完成後入居ではなくエアコンなどの最低限の

図2　木造モバイル建築（木軸）による応急仮設住宅のサプライチェーン

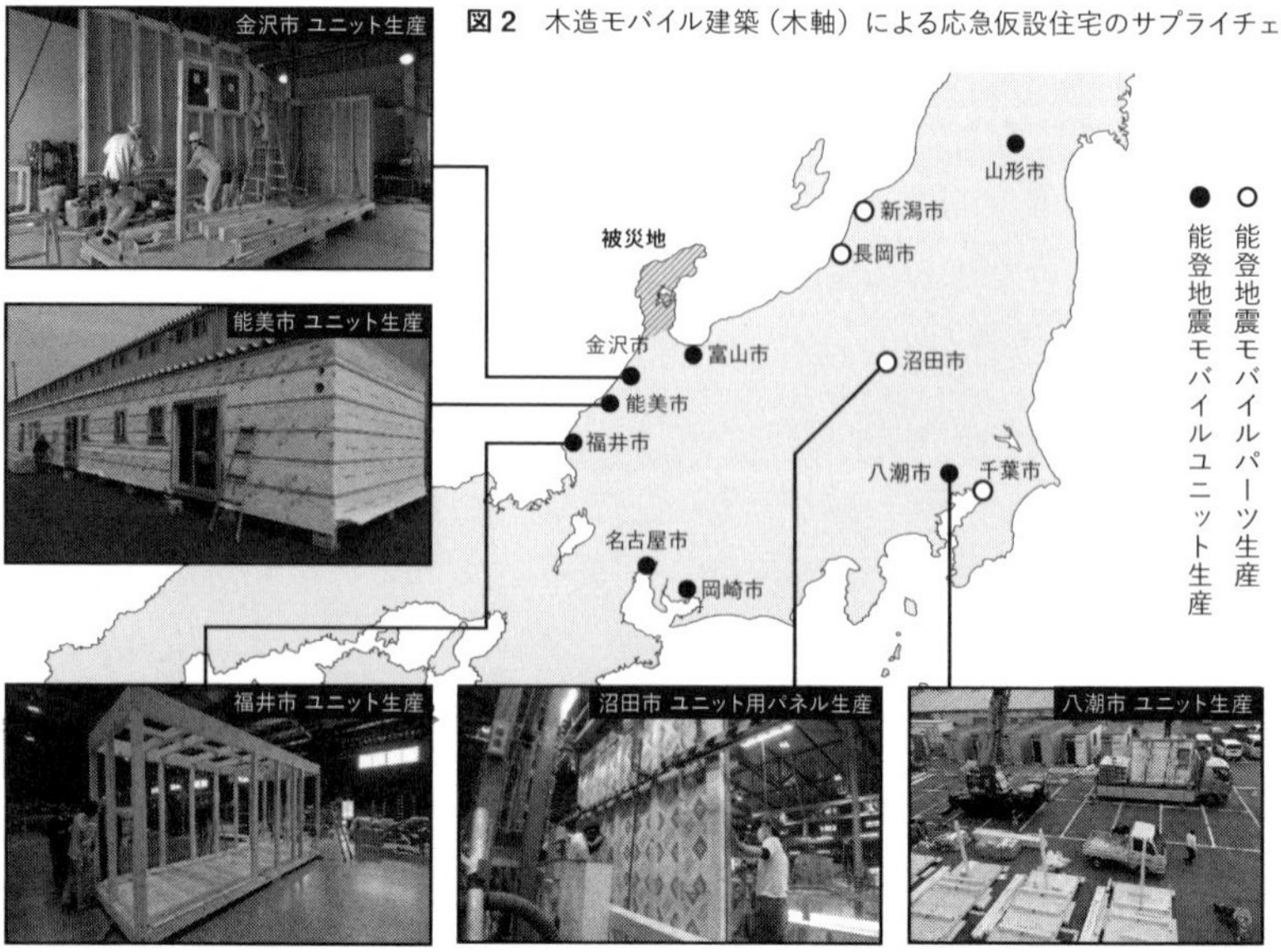

全国の事業者が連携（ライセンス等）して木造モバイル建築を被災地外で製造（オフサイト）

設備を設置した段階で入居させ、バスユニットや外壁を入居後に段階的に設置するなどにより、過酷な避難所生活を早期に解消するための運用上の工夫が求められる。

オフサイト生産で被災地の負担を軽減

オフサイト生産に関しては、オープンな製造ライセンスに基づく分散型オフサイト製造のサプライチェーン体制により全国の会員及び非会員が連携・協働し対応した（図2）。これによって、発注後約2か月で本設移行可能な恒久仕様の応急住宅を、プレハブ仮設と同等の戸当たり単価と工期で供給できた。また、オフサイト生産によって、被災地の施工リソースの負担を軽減することもできた。

しかし同時に、設計・プレカット・ユニット組み立て・輸送・現地での施工それぞれの工程では、様々

図３　能登半島地震　モバイル建築　応急仮設住宅の供給体制

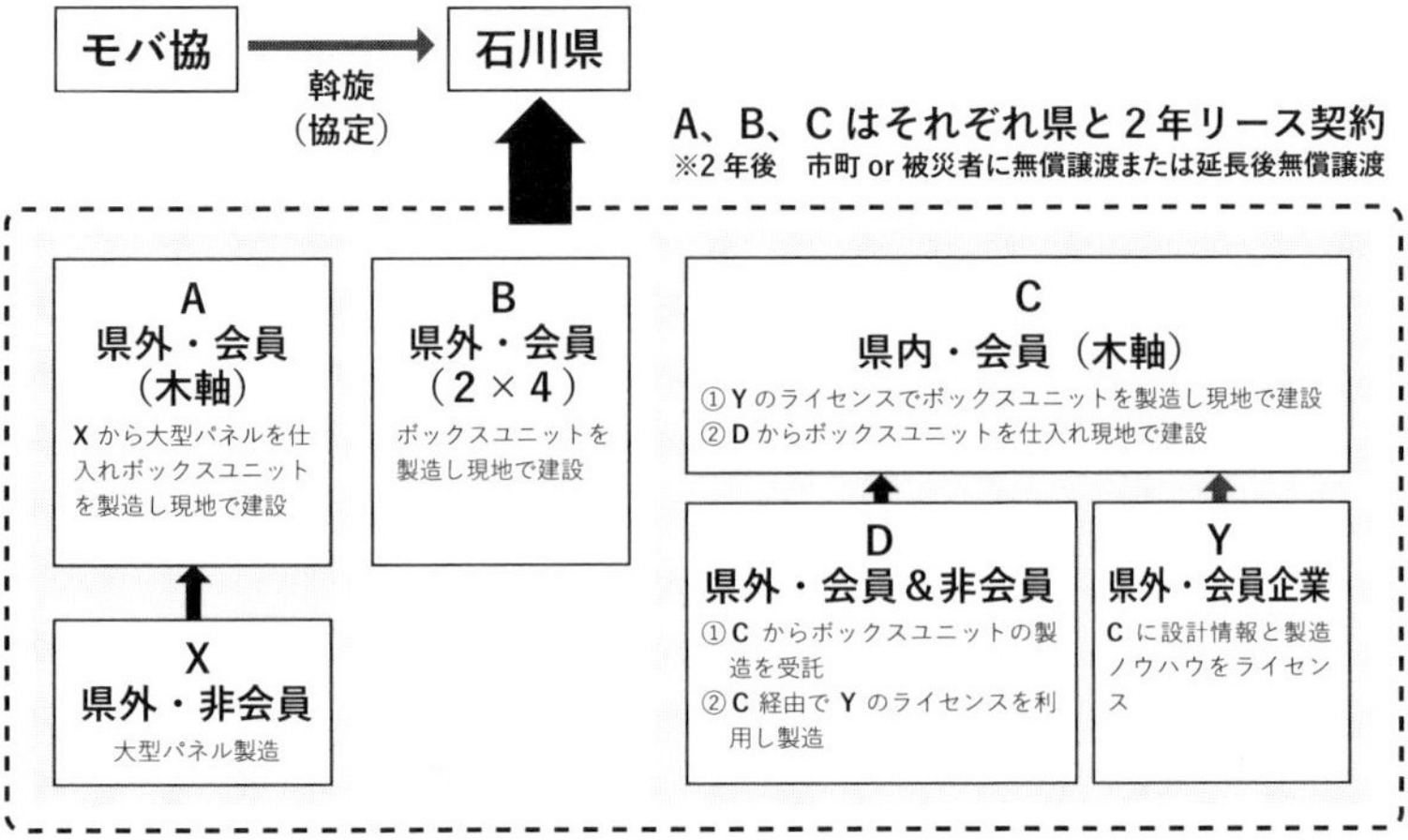

な課題が表出した。今回の応急仮設住宅建設では、モバイル建築のボックスユニットに関して、会員社がユニット製造から工事まで一貫して行ったケース（B社）のほか、会員社（X社）による大型パネルを仕入れて、ボックスユニット製造と施工を行ったケース（A社）、Y社からのライセンス提供を受けてD社が製造したユニットを現地で施工したケース（C社）といったケースが混在している（図３）。オフサイト生産の体制はうまく機能し、被災地に負担をかけることなく、日本各地の工場でユニットを分散製造することができた。現状は、意匠と構造程度のデータ共有にとどまっているので、まずは仕様の統一を進めて、詳細なCADデータを作成し、共有する必要がある。

モバイル建築が目指すサプライチェーン改革

能登半島地震での恒常仕様のモバイル建築の供給を通じて、特に痛感したことがある。それは日本の住宅生産方式が抱えている根本的な課題である。

大工などの職人不足や高齢化、後継者不足などによる生産性の低下は深刻であり、ワークライフバランスを考量した物流業の労働時間規制や運転手不足、さらには原材料や光熱費の高騰による生産コストの上昇がその状況に追い打ちをかけている。こうした状況下で、国難級の災害が発生した時、仮設住宅の供給、さらに復興に向けた住宅供給が可能なのだろうか。

一部で生産性向上に向けた動きはあるようだが、例えばDXという点でも住宅業界は遅れているように映る。

災害時のことも考慮しながら、生産性を高めていくためには、設計業務から施工、維持管理までの住宅建設のDX化や、建設資材の調達や物流を最適化するサプライチェーンの再編などによるコストコントロールを、単独で実現することは不可能である。

住宅建築に関するサプライチェーンにも問題があるように思える。例えば国産材の問題。

現状、国内で普及しつつある木造モバイル建築には主に輸入木材が使用されている。経済産業省によると国内の住宅建築などに使用される木材の約7割弱が輸入木材であり、近年、違法伐採された木材の輸出規制や、新型コロナウイルス感染症の影響によるウッドショック（価格高騰）、ロシアのウクライナ侵攻によるロシア産木材の輸入禁止措置などにより、木材製品の安定供給が脅かされている。このように、輸入木材に過度に依存する我が国のサプライチェーンは脆弱であり、国内の地域材を最大限活用し、かつ、再造林を必須とし、持続可能なサプライチェーンへの転換を図るべきと考える。

こうした国内の住宅産業の諸課題を解決するために、従来のFCやVCといったビジネスモデルとは異なり、モバイル建築を通じて住宅建築に工業化手法を取り入れ、飛躍的に生産性を向上する新たなサプライチェーンを構築したいと考えている。基本的には軸組工法と2×4工法というオープン化工法を用いて、従来型のプレハブメーカーやFC、VCなどとは一線を画し、クローズな工業化ではなく、オープンな工業化を目指しいく。

我々がイメージする新たなサプライチェーンのイメージはこうだ。地域で活躍する製材事業者やプレカット事業者、コンポーネント製造業者の方々に、木材を最大限活用しながら、モバイル建築のためのパネルやユニットを製造してもらう。そのパネルやユニットを地域の工務店の方々が活用し、コストパフォーマンスに優れた高性能住宅を供給する。プレハブメーカーが自社で工場を抱え込むのとは異なり、地域全体で工場を共有するイメージである。工業化によって現場での工程を極限にまで減らすことができるので、人材不足や生産性の向上にも貢献する。最低限の品質・性能を担保するためのレギュレーションは必要になるだろうが、内外装の仕様などはそれぞれの工務店が自由に選択できる。

そして、国難級の災害が発生した際には、全国の工務店が協力してモバイル建築を被災地に供給し、迅速な生活再建を図る。また、それぞれの地域でモバイル建築を用いた公共施設などを整備していけば、それが社会的備蓄となる。いざという時には、そのモバイル建築を移築し、仮設住宅として利用することができるのだ。

繰り返しになるが、本格的な少子高齢化・人口減少社会を迎え、木造住宅を中心とする日本の住宅産業は大きな転換点を迎えている。特に、大工・職人に依存してきた在来の木造軸組工法の工事現場では、熟練工の高齢化と引退、そして人手不足に直面し、危機感を募らせている。また、厳しい人手不足は物流業界も同じで、従来型の住宅供給システムが限界にきていることは明白である。これは災害直後の被災地とよく似た状況である。

人材が不足する能登半島地震の被災地で、当協会はモバイル建築による応急仮設→本設住宅の供給をおこない、一定の成果をあげることができた。具体的には工業化された住宅をオフサイト生産によって提供して現場施工の比率を下げ、熟練工への依存を減らしていくというスキームである。このスキームは、同じ課題に直面する日本の住宅生産の現場にも有効なのではないか。

つまり、モバイル建築のオフサイト生産のスキームは、応急仮設住宅のあり方を変えるだけでなく、現在の日本の住宅産業が直面する課題を解決する方策ともなる。全国でモバイル建築を供給できるサプライチェーンが構築されれば、平常時には恒久型の住宅としてモバイル建築を利用し、災害発生時には全国の工務店が協力して仮設住宅を供給するということが可能になる。これこそが、我々が考える「新住宅産業論」である。

工業化、オープン化、地域化、DXで実現する新住宅産業

そのためのキーワードは、工業化・オープン化・地域化・DXである。

まず、人手不足に対処するための工業化である。熟練工が引退の時期を迎えているだけでなく、少子高齢化が進む日本では、今後職人自体の数が激減していく。これに対処するには、熟練工・職人への依存を減らすことができる工業化を進める必要がある。

工業化住宅という点では、すでに日本ではプレハブ住宅が存在している。しかし、大手のメーカーが寡占して技術が囲い込まれており、オープン化とは程遠い状況にある。

さらに、地域化である。今まで日本各地の地元で住宅産業を支えてきた中小の工務店は、後継者難や人手不足に悩んでいる。その力と技術をここで途切れさせることなく、工業化住宅の施工現場やユニット製造でも力を貸していただきたい。各地域のプレカット事業者にモバイル建築のパネルをライセンス製造してもらい、地域の工務店がそれを活用すれば、人手不足の対策にもなる。また、大災害対応を想定した場合、被災地外でのオフサイト生産が機能するためには各地に生産拠点を構える必要があり、そのネットワークを担っていただく必要がある。地域化が進んで地元の住宅産業が活性化すれば、地元産材を活用するなどして地域の産業にも貢献でき、持続可能なサイクルが生まれる。

最後にDXである。工業化をオープンに進めるためには必須の技術であるが、一方では中小工務店やプレカット工場などが、研究開発や高度なDXを独自に推進することは現実的には難しい。そこで当協会がモバイル建築の研究開発を進めてパネルやユニット生産に関するデータを整備し、そのノウハウを全国の工務店と共有していく。つまり、フランチャイズではない「みんなの工業化、オープンな新住宅産業」である。

【1章と2章の引用・参考文献】

大水敏弘（2013）『実証・仮設住宅　東日本大震災の現場から』、学芸出版、210—226

内閣府大規模災害時における被災者の住まいの確保策に関する検討会（2017）『論点整理』
https://www.bousai.go.jp/kaigirep/hisaishasumai/index.html

国土交通省（2011）東日本大震災における地域工務店等による木造応急住宅
https://www.mlit.go.jp/common/000166093.pdf

中央防災会議防災対策実行会議令和6年能登半島地震を踏まえた災害対応検討ワーキンググループ（2024）令和6年能登半島地震を踏まえた　災害対応の在り方について
https://www.bousai.go.jp/jishin/noto/taisaku_wg_02/pdf/hokoku.pdf

国土交通省（2012年）応急仮設住宅建設必携中間とりまとめ
https://www.mlit.go.jp/common/000211741.pdf

内閣府政策統括官（防災担当）（2023年）災害救助事務取扱要領（令和5年6月版）
https://www.bousai.go.jp/oyakudachi/pdf/kyuujo_b1.pdf

内閣府（2024）令和六年八月一日内閣府告示第百二号

https://www.bousai.go.jp/oyakudachi/pdf/kyuujo_a5.pdf
内閣府政策統括官（防災担当）（2024）災害救助法の概要
https://www.bousai.go.jp/oyakudachi/pdf/kyuujo_a7.pdf
内閣府（2024）応急仮設住宅の供与
https://www.bousai.go.jp/oyakudachi/pdf/kyuujo_c2.pdf
内閣府令和6年能登半島地震に係る検証チーム（2024）令和6年能登半島地震に係る災害応急対応の自主点検レポート
https://www.bousai.go.jp/jishin/noto/taisaku_wg_02/pdf/siryo4.pdf
内閣府政策統括官（防災担当）（2021）被災者の住まいの確保に関する取り組み事例集
https://www.bousai.go.jp/taisaku/hisaisyagyousei/pdf/kakuho_zenpen.pdf
内閣府政策統括官（防災担当）（2021）建設型応急住宅の供与に関する事前準備及び発災時対応等のための手引き
https://www.bousai.go.jp/taisaku/hisaisyagyousei/pdf/kenchiku_zenpen.pdf
国土交通省中部地方整備局建政部住宅整備課（2010）広域巨大災害に備えた仮設期の住まいづくりガイドライン
https://www.cbr.mlit.go.jp/kensei/jutaku_seibika/guidelines.htm
石川県（2024）応急仮設住宅の進捗状況（12月24日時点）
https://www.pref.ishikawa.lg.jp/kenju/saigai/documents/241224_oukyukasetsu.pdf
はりゅうウッドスタジオ（2011）木造仮設住宅群3・11からはじまったある建築の記

録、ポット出版
平成28年熊本地震応急仮設住宅記録誌編纂編集委員会編（2019）熊本地震仮設住宅はじめて物語、一般財団法人熊本県建築住宅センター、42—46、100—112、174—180
東郷武（2010）日本の工業化住宅（プレハブ住宅）の産業と技術の変遷、国立科学博物館技術の系統化調査報告Vol・15、2010、March
佐々木晶二（2019）応急仮設住宅と災害公営住宅との連携のための法制度上の提案について、日本災害復興学会論文集No・13、2019・2、11—20
一般財団法人鳥総合研究所土地総研リサーチメモ（2021）応急仮設住宅と災害公営住宅との連携のための制度的課題」
https://www.lij.jp/news/research_memo/20210531_2.pdf
島田明夫（2013）復旧・復興に係る法制度、費用負担、住宅政策のあり方、都市住宅学会第81号spring、41—46

① オフサイト生産

② トラック輸送

③ クレーンで設置

④ 完成

オフサイト生産の様子（駐車場など工場施設・設備がなくても組立可能）

完成したモバイル建築を利用した仮設住宅

クレーンで吊り降ろし・基礎に設置

ユニットを連結して長屋を構成

樹脂サッシペアガラスを標準採用　耐震等級3　断熱等級5　相当の性能を確保

復興デザインセンター　（ボックスユニット３連結）

バリアフリー・車いす対応も

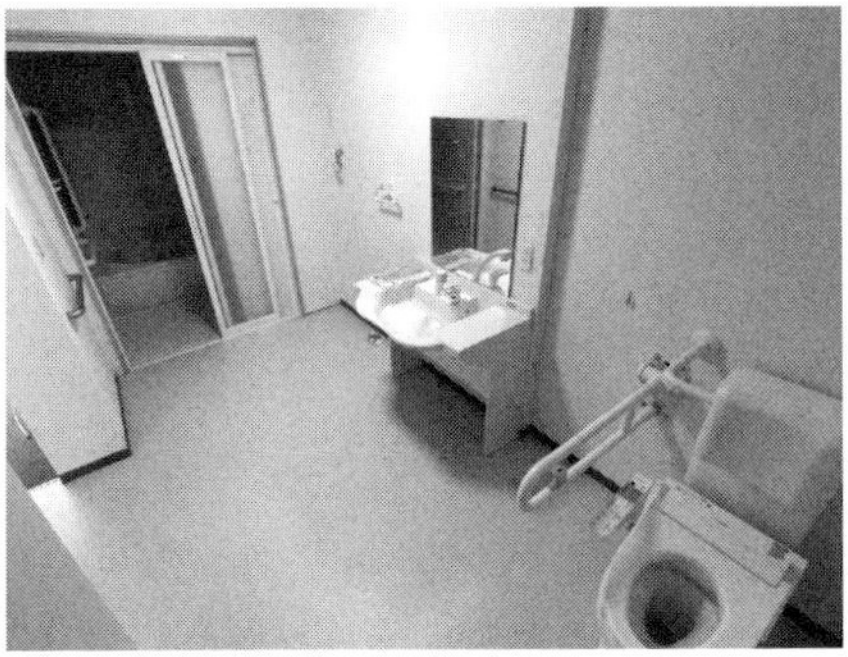
トイレ・洗面・バスユニット（バリアフリー仕様）

キッチン（バリアフリー仕様）

column

森林資源の社会的備蓄の必要性と意義 国難級の災害に対応するために

東京大学名誉教授
一般社団法人 日本木質バイオマスエネルギー協会会長
酒井秀夫

国難級の災害に備えた社会的備蓄を

必ず繰り返し襲ってくる国難級の災害に対して、復興資材の社会的備蓄は事前復興でもある。日本に今まで育成してきた森林資源が豊富にあるのは幸いである。一朝有事の際にこの森林資源をフル活用し、被災者の暮らしの復興を早めなければならない。戦後の拡大造林で造成された人工林は主伐期を迎えはじめ、辺材部のヤング率も安定化し、強度が生まれている。スギでも2×4インチの板にもできるし、立て継ぎにすれば柱にもなる。

第2次大戦後、日本が奇跡的な復興をとげることができたのは、終戦と同時に各地に備蓄されていた海軍用材をただちに国鉄に移管したからである（長谷川家木材百年史）。これらの木材は鉄道や通信などのインフラ復旧に使われた。敗戦は必至と見て、心ある有能な官僚達が事前に対応策を練っていたからにちがいない。

復興資材を国産材でまかなうなら2年分の伐採量が必要に

木を伐ってから木材が消費者の手元に届くまで、乾燥も1週間はしなければならず、したがってリードタイムが長い。木材需給のバランスを取ることが難しく、需給のミスマッチから木材価格は乱高下を繰り返してきた。

昨今は現行の木材価格では再造林費用をまかなうことができないため、多くの森林所有者は林業経営の意欲を失っている。価格の安定と、植林から製品までの原価を含む最低価格の価格転嫁は是非とも必要である。平時に木材備蓄をしてお

戦後に造成された人工林は主伐期を迎えはじめ、ヤング率も安定化し、強度にも優れたスギ材が調達できるようになっている

くことで、需給バランスの調整弁とし、育林から伐採までの労働力の平準化をはかり、さらには雇用も創出していかなければならない。

林業従事者は5万人をきって4万人に落ちようとしている。コウホート分析によれば、2万4千人で落ち着くことが予想されている（寺下・永田 1994）。日本の森林資源は、人工林天然林合わせて毎年1億㎥以上はふえている（林野庁「森林生態系多様性基礎調査」）。緊急時にどこでも伐採できるわけではなく、森林所有者の合意や手続き、人手の確保、林道や機械などの生産体制が整っていることなども必要である。

南海トラフや首都直下地震が発生した時に必要な応急仮設住宅想定必要戸数が少なく見積もって50万戸から80万戸であるとすると、必要な木材の量は1200万㎥から1900万㎥になる。現在の年間国産材供給量における製材用材と合板用材の合計とほぼ同じであり、これとほぼ同数の輸入量がある（**図1**）。

復興資材をすべて国産材でまかなおうとすると、2年分の伐採量になる。これだけの備蓄があれば、価格変動のリスクヘッジになるが、

単位：万㎡

用途／供給	製剤用	合板用	パルプ・チップ用材	その他用	燃料材	合計	しいたけ原木	総計
国産材	1,226.7	390.9	477.8	197.6	1,113.7	3,406.8	19.1	3,425.9
輸入丸太	261.1	22.8	0.4	1.1	0.0	285.4		285.4
輸入製品	691.2	333.7	2,301.5	32.0	915.6	4,274.0		4274.0
合計	2,179.0	747.4	2,779.7	230.7	2,029.3	7,966.2	19.1	7,985.3
比率	27.4%	9.4%	34.9%	2.9%	25.5%	100.0%		

※国産材：丸太、林地残材（根株や枝条）

図1 令和5年需要（供給）量

これを何年でまかなおうとするかを計算する前に、林業従事者や建設の職人を増やす方策も考えなければならない。非常時においては、木造仮設住宅の建設に対して、まずもって生産力不足に陥る。伐採するだけでなく、同時に植林などの更新も必要である。復興にはスピードが大事である。

どのようにして森林資源を備蓄するか
備蓄によって享受できるメリット

移設可能な建物以外にも、原木、製材品、合板、ラミナ、パネルなど、多様な製品をサプライチェーンの各担当でストックしておくことで柔軟性が生まれる。在庫情報の登録、一元化で、適時適切に対応することができる。多くの地域で大なり小なりの備蓄が望ましい。林業関係者の身の丈にあった参加により、いくつかの森林組合などと長期契約できれば、事業者の新規参入を促し、雇用も機械の更新も可能になる。

備蓄には、天然乾燥という方法もあるが、一方でフレッシュ材を求める製材工場もある。いずれにしてもコンクリート舗装にし、屋根付き倉庫も用意するなどの劣化対策も必要である。木材の在庫は売れ残りではなく、時を味方にすることにより、木材の価値を増大させる。被災した工場に対しては、早急な生産力の復興が必要である。日頃から、製材所やプレカット工場などの協力、大工、職人などの育成も必要である。

ＪＡＳ製品は多品種であり、大型木造建築物の資材調達には時間もかかるため、やむをえず一般流通材を使用せざるをえないという現状がある。こうした木造建築物の原料調達に必要性や緊急性があれば、備蓄材の在庫情報の活用により、ローリングストックとして機能させることができる。備蓄材を市場価格で購入し、その収益を次の備蓄に回せばよい。

復興資材のための事前の森林伐採であれば、その再造林費用は公的補助するという理由も成り立つ。人件費などの単価も上げることができる。伐期を迎えた森林の適切な更新を図ることで、森林を若返らせることができる。こうして再造林された若い森林は二酸化炭素の吸収も旺盛であり、間伐材は杭材や足場丸太材などの建築用資材の備蓄にもなる。備蓄材は二酸化炭素の大量貯留でもあり、炭素取引として企業の参加が期待される。

木材を製品化するときに、とびくされやシミなどは欠陥品として検査の過程ではねられ、歩留まりを下げることになる。はね材も強度等に影響がなく、美醜を問わなければ、廃棄せずに備蓄材として有効活用することができる。このことにより、低コストで備蓄量を増やすことができ、林産工場の利益率向上にもつながる。こうした材料の原価証明があれば、被災者が本設で住宅を購入する場面において安く提供することができる。

伐採現場から出る原木は種類が多く、直送にしても一つの販売先で全量を消費することは容易ではない。備蓄機構などが窓口となって、適正価格で引き受けることができれば、素材生産業者の歩留まりと採算性を向上させ、森林所有者にも利益を還元することができる。今後、外材の入手が為替や現地の都合で困難になったり、国内の労働力不足から国産材の供給が滞ったりすることも予想される。このような「木断」の事態に対して、今から木材価格の安定価格と安定数量（年間事業量）を保証し、林業事業体の新規参入を促していかなければならない。

備蓄材については、在庫品とみなして課税することはしないなどの、制度上のインセンティブも必要である。備蓄材を公式に認定することで、災害時には高速道路料金なども格安にすることができよう。備蓄材は国民共有の財産であり、融通しあうことが必要である。国難級の災難では、広域扶助が不可決である。

森林資源の社会的備蓄が
来たる国難級の災害への
対応力強化につながる

社会的備蓄の推進へ事前に役割分担の協議を

このように木材の社会的備蓄には多くのスケールメリットがある。社会的備蓄の推進に向けて、森林と住宅産業の直結・モジュール化、国民の全員参加、地域化とネットワーク化、資源管理の構築が緊急に必要である。被災時の役割分担を事前に定期的に協議しておき、対策は今から備えておかなければならない。

引用文献
長谷川家木材百年史（1988）木材研究資料室　642p
寺下太郎・永田信（1994）『国勢調査』に見る林業就業者の推移―コウホート法による分析林業経済47巻4号、14―22p
長坂俊成（2025）恒久仕様の木造モバイル建築を利用した応急仮設住宅の有効性と普及に向けた課題―令和6年能登半島地震における実践から．森林技術993号、22―25p

（参考）

内閣府の資料によれば、首都直下地震が発生した時に東京都における応急仮設住宅想定必要戸数は567050戸、応急借り上げ住宅供与戸数は489600戸、差し引き77450戸、供給完了までの時間は8ヶ月とのこと。

南海トラフ地震の被害想定では、すべての建設型応急仮設住宅の供給が完成するまで8年と推計（長坂2025）。

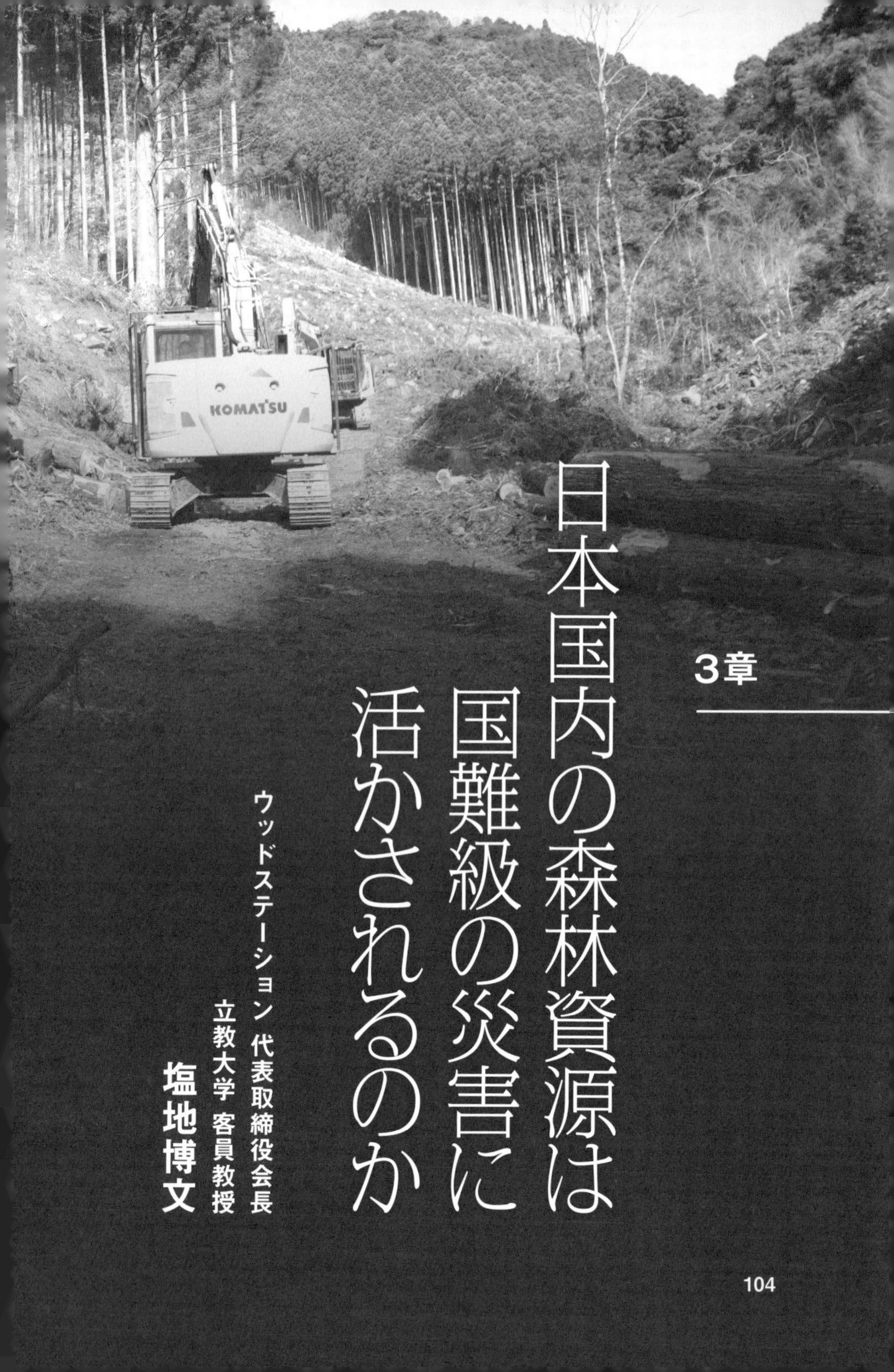

3章

日本国内の森林資源は国難級の災害に活かされるのか

ウッドステーション 代表取締役会長
立教大学 客員教授
塩地博文

YAMAKATSU Co., Ltd.

山からやって来る木材
海からやって来る木材

シン工業化住宅論の森林資源と木造建築の融合について、執筆を任された。読者の皆さんには、少し時を巻き戻した時間旅行にお付き合い願う。時は昭和30年代、今から60〜70年前に遡る。

戦後の復興、特に建設ラッシュに木材が貢献したのは言うまでもない。戦争期の乱伐、それに起因する自然災害多発と、山々は荒れ、資源は枯渇状況を呈し、木材価格は高騰するという結果を招く。この状況を鑑み、政府は「拡大造林」を打ち出す。

広葉樹林から、建築需要を賄うスギ、ヒノキ、アカマツ、カラマツといった針葉樹林の育成に舵を切った。山々を人工的な林業耕作地として位置付ける、国土の立体的な活用方法でもあった。戦争を通じて、日本人の自衛や防衛そして自立の知覚は研ぎ澄まされていた。無理もないことであり、資源小国という痛みは、敗戦を通じて、より日本人の神経を鋭利にしていた。

その鋭利さは、数十年を経て成立するという森林資源育成の視座よりも、「とにかく植えねばならぬ」という敗戦ショックから突き動かされた焦燥が、林業関係者の腰を浮かせたのもまた事実だろう。腰を浮かせたままで、世界的にも異例な規模と量の植林が続いていくのである。

これらの針葉樹人工林がまだ10年の樹齢を刻まぬ前に、経済復興は飛躍期を迎えてしまう。朝鮮動乱などの外的要因、残存した技術力の再興などで、思いもよらぬ加速度で、経済活動は過熱した。木材枯渇や資材高騰を抑えるためにと、昭和30年代から木材の海外輸入が検討され、昭和39年に輸入自由化政策は完了する。

戦後の枯渇や高騰とは異次元の新世界が始まり、押し寄せるように海外から木材が運ばれてくる時代に突入する。この急激な変化は、経済の常で、戦争を挟んだ国際外交の乱高下も、世の常である。足りなければ、外から引っ張ってくるしかない、金になるなら投資するのみ、と木材業界はその生存をかけて経済活動の渦中に身を晒すことになる。

さらには、1ドル360円の固定為替相場から、長周期で続いていく円高は、割安感を延長させ続けて、木材輸入の時代は長い潮流になっていった。「木材は海からやってくる」時代の到来である。

もう一度、読者にお付き合い願うのは、川、海岸といった日本の景色である。

富士山の頂上から太平洋岸まではわずかに30㎞しかなく、この地形が多くの河川を生む出す

富士山の頂上から太平洋海岸まで直線距離で30㎞、これが日本の地形である。

この地形は、河川総数3万本以上を生み出している母でもある。大陸を流れる曲線型の大河とは非なる、ひたすらまっすぐに下っていく直線型の川が多いのは、この地形がもたらす所産である。

この直線型は、時には濁流となり、水害をも招いてしまうのだが、その直進性をエネルギーとして生かす場合もある。河川舟運（かせんしゅううん）である。河川舟運は、大陸では未だに重要なライフラインであり、ライン川、ドナウ川などが知られており、コンテナ船までもが行き交う。

日本でも多くの河川が運搬に利用されてきた。鉄道網の整備、陸運の発展などで、河川舟運は次第に廃れていくのだが、木材だけは昭和まで続いていた。水流の強さを生かして、嵩張り重たく、そして荷扱いの難儀な木材は、河川を頼りに下流へと運搬し流通していたのである。河川舟運と共に木材事業は成立していたとも言える。しかしながらこの関係も、ダム建設による利水や発電へと時代は移り、蜜月時代は終焉する。輸入が解禁され、価格も円高による長期下落の傾向が定着し、「木材は海からやってくる」ことが固定化したともいえる。その証明は、沿海地帯に、そして全国各地に見ることができる、木材団地や木材集積地帯である。これは、海からやってくる木材に対しての、木材業者の「構え」であり、荷扱いが面倒な木材を、如何に動かさずに加工や販売へと連動させるかというサプライチェーンの萌芽でもある。

これは、動かすほどに、コストは上がり、品質劣化は進むという木材取引の本質を垣間見せる。ロシア材は日本海側に、北米材は太平洋側に、構えが設営されており、製材や乾燥などの木材加工が集約されている。埋め立てが進んだ地域では、すでに木材団地や集積場の役目を終えて、跡地には近代的な商業ビルやマンションが立ち並ぶ。木材業者の多くが、そして都心に近いほど、埋め立てが進む度に、不動産業として事業転換している。事実上の転業促進策でもあったのだろう。

執筆の目的である国内木材の活用ではあるが、このように事業デファクトを海外木材に簒奪されていることを、まずもって自覚せねばならない。「海からやってくる木材」を主たる材料として捉えて、木材産業、パルプ産業、そしてバイオマス産業は、その構えが成立している。そして、動かすことがマイナスとなれば、「山からやってくる木材」という日本産の木材は、どこに構えを設営すればいいのかという、「場所の設定」から始めねばならない。

木材事業を大きく左右する「場所の力」

この事業ヒントは昭和の歴史の中に隠されている。製材業の分布地図である。製材業は全国で4000を割り込んで、業者数は減少し続けている。小規模業者は廃業や倒産、大規模業者への集約というシナリオだけで論じられがちな製材業であるが、工場の場所にヒントが隠されている。

製材業は、原木を板や角に切り出す加工業なのだが、木材という資源事業と、建築材料提供事業との汽水域に存在している。資源が材料に変化し、材料が製品へと切り替わる転換点でもある。この製材業だが、河川舟運が木材だけ昭和の時代まで延命したこと、海外木材が解禁されたのは昭和30年代だったことは、時間の符号を合わせている。

河川舟運の終焉は、日本産原木の運搬が難易度を増したことを示し、運搬距離を短縮化させるために、比較的に山側に近い場所で製材場所が設営されるという結論を導く。

一方で、海からやってくる木材は、運賃比率を引き下げるために大量に海運され、港湾、または沿海地帯に製材場所が設営されている。大量の資源をいち早く加工しなくてならないのは、木材が保管期間に比例して品質を劣化させるという品質特性から来る素材個性の一つであり、大量生産という出口戦略とマッチする。というよりも、その出口戦略しかないともいえる。湾岸の大量製材と内陸の少量製材という色分けが浮かび上がってくる。

大規模製材業がその出力能力で、小規模製材業を圧しているのは、コスト競争力もあるのだが、それだけではなく、「場所の力」に起因するとも考えられる。工場の立地場所が市場を分ける主たる要因であり、批判を覚悟で言えば、木材加工業とは、「場所次第」の事業構造でもある。

製材業と建設業の中間地帯に、生まれてきたのがプレカット加工業である。参入した業者の出自を見ると、製材業であり、建設業でありと、入り乱れている。中間地帯ゆえに、接している近隣事業者が新規参入を繰り返してきた。このプレカット業者を観察する際、多くの人はその出力能力で推し量る。加工坪数という単位で語られるが、これもまた事業観測としては測定値の一つに過ぎない。

製材業と同じく、「場所の力」であり、「場所次第」とも考えられる。その証左が、木材加工業のノウハウや知見を有さずとも参入が可能で、加工機械の能力、規模、材料としている木材の仕入れ単価差額などが、事業競争の生命線であり、商社的加工業を示していることだ。加工坪数が事業計測値になるのは、事業付加価値が狭隘であることを示している。木材プレカット業を含めて木材加工業は、場所次第であり、その実相は輸送業であり、競争原理の肝は場所の力と思われる。

プレカット加工業は、木材加工の分野では遅れて成立した産業であり、大工の衰退との反比例関係で成長した。港湾地区や沿海地区には、歴史を持った木材業者が好適地を占有しているために、内陸型の場所で工場が新設される場合が多い。加工設備、木材在庫と広い工場スペースが必要な故に、新たに内陸工業団地へ、工場場所を求めたのである。

広い在庫スペースを有した内陸型プレカット加工業は、必然的に、「大量で安価な材料を主原料とし、生産設備を安定操業するために品質規格に厳格性を求める」という産業マナーに従うようになる。このマナーに即応したのが、海外木材であり、それは原木から製材輸入への切り替わりでもある。「海からやってくる木材」は、原木ではなく、製材製品となり、コンテナ輸送となり、港湾で通関された後、そのまま陸送されるようになっていった。

場所は、時代に応じて移動し続けているのだ。場所という因子は、木材事業にとって最も気を配らねばならない事業因子であり、加えて、運搬することが大切な事業因子であることが、木材取引の骨子でもある。

日本の木材自給率は“化粧”された数字でも40%程度にとどまる

本書の目指す最終は、国難級のプレート型震災への構えであり、その被災者への住宅供給にある。その答えを探す旅は、歴史、場所から始まり、山、海、川といったこの国の有様を語ることであり、素顔の日本をもう一度見直すことでもある。

化粧された木材自給率でも40%という事実

日本の森林率は世界有数である。資源量、人工林規模など数字の上ではピカ一を示す。詳しくは、拙書（『森林列島再生論』2022年日経BP）を読んでいただければ嬉しいが、森林大国であることを疑う余地はない。戦後に始まった「拡大造林」は、数十年の時を経て、見事に開花したのだ。

豊穣な森林資源と言いたいところだが、既述したように腰を浮かしながら植林行為に専心したツケも溜まっている。それは、木材自給率であり、国産材比率に表れている。40％程度で留まっている上に、林業従事者は全国で4万人と長期に渡って減少し続けている。

拡大造林により高い森林率と資源豊穣、そしてその向け先として、世界的な木造建設需要や新エネルギーという大きな出口がありながらも、低迷から脱出できていない。この40％の自給率も、付加価値の高い、値段の取れる分野は、海外木材の占有を許し、量的販売先はバイオマス発電などの低価格市場で凌いでいる有様で、戦略的な自給率ではなく、「精一杯に化粧された自給率」でもある。

精一杯の自給率の証左は、林業従事者の低迷に歯止めが利かないこと、さらには山に生えてる状態を立木（りゅうぼく）と言うが、その価格が全くの不採算となり、山林事業が採算面では破綻に等しい状態を示していることだろう。もはや捨てられている状態だと言えるかもしれない。結果、伐採した後、放置状態となり再造林は進まず、再造林率30％程度と、ハゲ山促進になりかねない状況である。

読者から、「なにやっているんだ～」の声が届く。筆者も同感だ。しかし、やや同情も寄せる。みんなが、国民全体が、山への関心を失ってしまっていた責任者を探し出しても意味は薄い、と。それよりも、活用方法を探し出すことが先決で、その一つとして本書は名乗りを上げている。

世界の果てからやって来る木材に競り負ける林業

一言でいえば、国内林業・林産加工業・プレカット業など国内林業を主とするサプライチェーンメンバーは、「誰も儲かっていない」ことに尽きる。素材生産と言われる伐採事業、切り出した原木を仕入販売する木材市場事業、市場から仕入れた原木を角や板に挽く製材事業、その製材を購入して建築用に加工生産するプレカット事業、と各階層において収益性が上がらない。そもそも、人工林を所有して長年収穫を待っていた林業経営者と言われる方々には、「経営者」という言葉には相応しくない対価しか得られない。経営という意識など最早絵空事の世界であろう。

世界の果てからやってくる木材に競り負けて誰も儲からない日本林業には、どこかに構造的な欠陥がある、それを一掃すべし、一掃するチャンスは何か、を具体化せねばならない。

今までの要点を抜き出す。

・木材取引は出来る限り、「動かさない」ことが大切。
・木材の集積、在庫、加工などは「場所」がポイント。
・「場所」は時代によって変化し続けている。
・国内林業、その加工業は、階層に細分化されて、個々の収益が上がらない。
・林業再興のきっかけが戦争だったように、「大きな歴史の転換点」が次の林業を成立させる好機。

これらのポイントを踏まえた上で、それと本書の目標であるプレート型の震災に対応する住宅供給の在り方を論じていく。

やってくる大震災
森林資源を復興支援物資にするために

想像すら忌避したいが、プレートが動く大地震は、ある周期で日本を襲う。行政も、メディアも、地震学者も、深海に溜まっている破壊エネルギーに警鐘を

東日本大震災では海沿いを中心に甚大な津波被害が発生した

鳴らし続けている。大きな津波も来るだろう、建築物なども崩壊するかもしれない、電気ガス水道などのライフラインも破壊されるだろう、道路網はズタズタになり交通機関の不稼働は避けられないだろう、と誰もが心配する。発災すれば、被災地にいれば、運よく命が助かったとしても、長期間の体育館暮らし、その後の仮設プレハブ生活、と死者を哀悼することさえ難しい、地獄のような日々が待ち構える。

それを分かっていながら、東日本大震災の生々しい記憶や体験を持ちながらも、2024年の正月に発災した能登半島地震への対応を見る度に、脱力と放心に襲われる。備えは口だけ、準備はペーパーの上だけ、教訓は教科書の中だけ、と虚しさだけが宙を舞う。

本書は、能登半島地震へ、全く新しい形で応急仮設住宅の提供を実現した、そのメンバーによって執筆されている。筆者もその一人である。つまりはライブ中継の書籍であり、南海トラフへの対応も同じ文脈で考え続けている人たちで構成されている。

筆者は、国難級の大震災に対して、日本に豊穣と花咲く森林資源は、その復興支援物資となりえるのか、そのための準備はいかなるものか、を担当執筆している。次は、未来、それもそう遠くない未来に読者をお連れしたい。

　まずは、想像力をフル活用せねばならない。プレート型の地震ならば、太平洋の海岸線から海に向かって100km超と想定される。震度、マグニチュード、共に100年に一度の大揺れに相応しい数字になるだろう。先ずは建物の倒壊であり、津波の襲来となる。その被災エリアは太平洋に沿って広域に至る。埋立地では液状化も発生する。津波に飲み込まれた建築物、車両、船舶は、引き潮で海に引っ張り込まれて、港や海岸線の海底に沈む。

　太平洋沿海部は工業生産の中心地帯であり、専用バース、コンビナートなど、海運や隣接工場とのアクセスを容易にしている。言い換えれば、一体化させている。海から襲われることに無防備なのだ。海利用はコスト削減のメインエンジンであり、事業の肝とも言える。海は大切な友人であり、決して襲ってこないことを前提にして、効率的で連続的な工業生産システムが組まれている。

　海から襲われたら、沿海工業生産地帯はひとたまりもないだろう。その復旧や復興など筆者の想像力の及ぶ処ではない。既述した通りに、木材も海からやってくることを前提として、構えが構成されている。等しく、長期間の操業停止が待ち構える。沿海部で展開されている、海外木材を主原料とする大規模製材業は、一瞬にして操業難易度が沸点に達する。

発災した後、次第に被災状況が判明して、被害の少ない地域から日常を取り戻すだろうが、使用部品数の多い、さらには重量物を調達せねばならない建設や住宅産業は、それらの部品の回復が無い限り、被災を逃れたとしても操業が止まる。

要は、木造住宅生産は、その主要材料である木材も、木材以外の部品も、なかなか入手できずに、被災していない工場でさえ、操業できない事態が想定される。沿海部中心の生産、コスト思考で海外からの部品に依存した製品作り、差別化のために住宅を複雑化させて部品点数を上げてしまった住宅製品など、いつまでもたっても非日常が続いていくだろう。

津波の後には「産業津波」がやってくる。それは今までの住宅産業や木材加工業の質的転換を求めるキックオフの笛でもある。

影響を受けづらい場所に希望を見出す内陸型生産と垂直生産

太平洋沿岸地帯は、日本の産業生命線でもあり、急速な復旧や復興が進むとも期待されるが、長期離脱は避けられない。道路網の復旧に伴って、潰れた港湾を除いて、健全に機能しコンテナ船が接岸できる日本海を中心とした各地のバースが、復興を加速させる役を担うだろう。

コンテナ船の活用については、既述した通り、プレカット加工業にとっては、主要な調達方法となっている。また、プレカット加工は内陸生産へと既に移動している。木材加工業は、内陸型の生産を通じて、次第に日常を取り戻すだろう。ダメージは受けるであろうが、沿海部より内陸の方が、被災度合いは軽傷とみる。これは日本産木材では用意できない品質要請がある場合でも、輸入は可能であろうという推量でもある。

木造建設は、深刻なダメージを受けるものの、復活へ向けて内陸型生産という適地をすでに確保していると考える。偶然かもしれないが、大震災からの復興という、絶壁を再登頂するためのザイルは残っている。

山にも震災の爪痕が残るだろうが、太平洋沿海部よりも軽微に違いない。プレカット加工業、山側に残っている小規模製材業、それと森林、あくまで比較であるが、日本に残された、小さな傷で済んだ準健全地帯との想定は、筆者の想像力のオーバーランであろうか。

被災の直接影響は沿岸地帯より軽微なのだが、本書の求める、応急仮設住宅の生産と供給、さらには地産地消型の「新住宅産業」、日本林業の復活には「内陸型生産拠点」という場所設定だけでは物足りない。そこで深耕しなくてはならないのは、「垂直生産」であり、「森林直販」である。

細かく切れたサプライチェーンなど前近代的であり、捨て去らねばならない。その証として、国産材不活性、誰も儲からない林業・林産業、補助金依存体質が寝そべっている。裏山から街へ運ぶだけなのに、地球の裏から運ばれる「海からやってくる木材」に敗北するなど、根本から問い直すべき社会課題である。ましてや、国難に対して、役立たずのまま裏山で惰眠を貪っているなど、論外。敗戦という国難に意を決し植林を続けてきた先人に、どんな顔をむければいいのか、と思う。

パネルやユニットによる地場木材クラスター生産

垂直型の生産連合とは、クラスター生産を意図している。住宅産業も林産業も、そもそもローカル産業であり、域内循環産業である。クラスター生産とは、食品加工、畜産などで注目されている産業理論であるが、産業集積を地域内で生かす手法である。ここではクラスター生産を詳述するつもりはない。物流問題が社会課題となり、遠隔地への輸送が難易度を増したこと、住宅資材が重量化し荷扱いや建設施工に重機対応が求められていることなど、輸送範囲の縮小化は不可避の状況である。

日本各地の裏山に森林を抱えているという資源背景も、産業集積による域内生産が適合している理由である。さらには、林業や林産業、または木造住宅産業にクラスター生産が適しているもう一つの理由が、木材扱いの親和性で、特に地元の木材への熟度と深度だ。木材をハンドリングするスキルや知識が、労働者に近親性を育んでいることだ。地元木材を扱う際、製材やプレカット、または大工と、所属する組織や職能は別だとしても、地元木材が共有言語となり、労働者や作業者の垣根を取っ払ってくれる。ゆるやかな労働市場の融通性と流動性に繋がり、伐採、製材、プレカットと分離拡散していた働き手が、クラスター生産に集合し、地元木材をバトンリレーした同時体験が生きてくる。

海外木材を中心とする生産体制や細かく分業された業態を放置してきたため、各セグメントでは無用な利害対立が生まれている。微細な違いで対立し、個別解に執着し、自己流を王道としてしまう。共通解への集約が果たせないために、労働者の意識は、企業単位、業態単位、設備機械単位、工法単位などと、際限なき小さな箱の中に留まり続けている。

クラスター生産とは、違いの追求ではない。「同じ」の追求である。それを中心核に引き寄せるのが、地元木材であり、地域産業であり、製材、プレカットを垂直的に連結させる、建築パネルの生産であり、ユニットやボックスとなった住宅の生産である。

クラスター生産の担い手には、重労働や危険労働は避けたい壮年の大工も加わってくるだろう。地元の木材が核となり、製材、プレカットが集積され、その重箱の上に、パネルやユニットの建築生産が乗ってくる、そんな地場木材クラスター生産が望まれる。

備蓄という選択により実現する量を追わない生産

コストダウンのために、量を追うのは全産業の傾向だ。ましてや震災対応の住宅生産ともなれば、「素早く大量に」を正解だと思い込む。それはイエスでもありノーでもある。

既述してきたように、沿海部の操業不能は長期化する。内陸地での生産は、調達できない資材、生産設備の改修などもあり、徐行運転だろう。このスロー生産は、被災者を含めて多くの人々を苛立たせるものの、仮設住宅の調達先として想定されている鉄骨プレファブ住宅も同条件であり、避けられぬ時間でもある。

事前に備えるならば、備蓄が選択肢の一つだろう。災害応急用にと、日本各地で住宅を備蓄し、平時には居住権が発生しないインバウンド用宿泊施設などに利用し、発災後は移動させるしかない。移動させる手法としては、建築移動型（モバイル建築）とトレーラーハウス（宿泊可能車両）などに大別されるが、その違いについては、後ほど詳述したい。

ここでは、量を追うとは大規模工場での効率生産を前提としており、それは原材料・資材といった欠くことのできない生産のための必需品も大量に必要となることを意味している。資源小国日本は、それらの資材や材料は、海からやってきている。

沿海部の破壊は、大筋では大量生産方法の破壊でもある。基幹産業でありながらも、住宅産業は集中集約型ではなく、ローカル産業という特徴を有する。このローカル性を生かすべく、住宅備蓄を進めると共に、クラスター生産拠点を内陸地に数多く新設して、併せて準備を進めることをお勧めする。

このクラスター型生産の開始とは、可能な限り山側に近く、地元製材所の、プレカット工場の近接地に、建築パネル生産を可能とする設備を、新規導入することを意味する。平時には、応急仮設住宅の備蓄生産、近隣住宅需要への生産を行い、災害時には応急仮設住宅の生産に専心する。クラスター生産工場は、地元の木材の活用拠点でもあり消費拠点でもある。そして、森林資源の出口戦略なのだ。

製材やプレカットという既存設備をそのまま生かすために、新規での設備投資は少額となる。このクラスター生産は、年間100~300棟という小規模工場を想定しており、少量・分散・地域型の生産地図を、筆者は描いている。日本各地に、1000か所用意すれば、平時の住宅生産、災害時の応急仮設生産の併用が実現した上に、国産材活用、地域経済活性という三次元方程式を解くことができる。

加えて、このスローにみえる生産方法が、国産材の活用には効いてくる。それは木材の乾燥期間を与えることも意味しているからだ。

乾燥とは、木材生産の長年の頭痛の種であり、多くの人が知るところだが、このスロー生産、少量生産は、その頭痛を緩和してくれるだろう。さらには、駐車場や空き地を活用した青空工場でも、建築パネルがあれば、ユニット住宅は生産が可能となる。日本の津々浦々、各所の平地をフルに活用すべし。救世主は大規模工場、という幻想を打ち捨てねばならない。

平時は、地域木造住宅の生産供給拠点として、国産材の有効活用を図り、住宅産業のローカライズを実現する。災害時には、応急仮設の供給拠点となり、日本各地の1000工場が連動して、ネットワーク生産を行い、素早い復興を支える、それが筆者の出した解答である。

最後の一押し
住宅部品数の集約、離島・海外での生産も

最後の一押しに入る前に、トレーラーハウスという存在について触れたい。

建築物を移設するという行為は、備蓄という政策を取り入れるなら、トレーラーハウスも必ず俎上に上る選択肢となる。トレーラーハウスは、車両であり、建築ではないが、被災地の窮状を考えるなら、素早い宿泊施設の確保という点で有力候補でもある。国際大会などのビッグイベントを通じて、その宿泊施設を建築物からトレーラーハウスにしながら買い取っては地方自治体に払い下げ、次第に各地域に備蓄量を積み上げさせて、発災に備えていくのは、為政者ならば当然のセオリーだろう。

しかし、ちょっと待った〜、と言わせていただく。プレート型の震災とは、言い換えるなら、地面が動く、海が動く、地球の活動だ。その地面に張り付いて

生きてきたのが、地元の民である。この手の災害は有史以来初めてではない。先祖や先人もその洗礼を浴びてきた。にも関わらず、その土地に張り付くように生きてきた民を、まるで地面から再び引き剝がすかのようなその場凌ぎに得心がいかない。

トレーラーハウスを宛がわれた被災者は、故郷の台地から浮遊するかもしれない。トレーラーハウスとは、移動するために誕生した製品であり車両である。車両が故に、建築基準法の面倒さから束縛を受けない。宿泊設備が付いているからと言って、家でも住宅でも建築でもない。まるで移動や離脱を誘発させるかのような手法には賛意は表せない。あくまでも災害に備えた一択であり、一助である。被災地に並ぶトレーラーハウスの群れが、限界集落の予備軍に思えるのは、筆者だけだろうか。

この解答をもって、万端というほど愚かではない。最後の一押しもご提案する。それは、住宅部品点数の集約だ。

機能を強化するため、差別化を図るためにと、今の住宅には専用化されている部品が多すぎる。既述した地域クラスター生産では、主原料は木材であり、それも地域の木材である。木材は天然品であり、個体性の幅も広い。個性幅が広ければ、規格外品も生まれてしまう。品質確保、ＪＡＳ規定へ準拠などを疎かにする訳ではないが、木材の構造材以外の活用をもっと図るべきと思われる。

例えば、外装材にも木材を使うなど、使用範囲を拡大して、部品点数の集約と木材利用の多角化を同時並行的に進めなければ、発災時には調達障害となる。目の前に地元の山があり木材があるに関わらず、部品調達に奔走するならば、先人に申し訳が立たない。

離島生産も一考である。日本には1万4000を超える島があり、有人島は300を超える。中には、林業を抱えた島もあるが、島内木造建築生産は、自立循環せず、本土地域と同様にローカライズが進んでいない。クラスター生産を離島に構え、不足資材を送り込んで、加工貿易のようにパネル組み立て、ユニット生産を行う。世界各地の保税区で行われている、「保税工場」としてのスキームは運用可能だと思われる。島内に新しい事業や雇用も生み、本土の被災地を助けることもできる。離島補助金よりも持続性のある事業創造だと考える。

さらには、海外工場である。太平洋沿岸地区のダメージは、日本経済の芯を襲う。この余波は、繰り返し襲来する津波のように、産業界の弱点を痛め続ける。この惨状に対して、内陸型生産、クラスター生産で凌げるほど甘くないかもしれない。森林資源においても、今の労働者不足の現状だと素早い生体反応が期待できず、供給不足も考えられる。最後の一押しは、海外工場の活用となる。世界に進出している日本ハウスメーカーは、その殆どが、プレファブ工場そのものを展開しているわけではなく、現地生産を実現した進出ではない。発災時での海外の生産拠点活用の選択肢は、極めて限られている。その積極的な選択に進むしかない。

先人が植えてきた森林を備えとするために

最後までお付き合い頂き、読者には感謝申し上げたい。反論が喉元までせり上がっている方もいらっしゃるだろう。その多くは、日本は少子高齢化が進んでいる、これ以上新築を作る必要はない、平時活用があるとはいえ応急仮設のための工場新設など不必要だ、と違和感を持たれたと思う。これに対しては、明確に反論申し上げたい。

工場という言葉のイメージは、大規模・大量生産などと馴染みやすく、その文脈で語られることが多い。ここで提案した工場とは、組み立て専業工場、現場で組み立てるよりは現場以外で、という意味に受け取ってもらいたい。それは世界の潮流でもある。

建設現場のことを英語では、オンサイト（on site）、と言うが、建設現場が手

日本でも住宅建築のオフサイト化が進む。写真は千葉県にあるモックの大型パネル工場

狭だったり、近隣住民への対応から、オンサイトで建設するよりも、オフサイト（off site）で事前に組み立てて、建設現場へ搬送するケースが増加している。オフサイト建設が合理的な手法として頭角を現している。

日本でも職人による現場作業は肉体的な限界を迎えていて、例えば、高性能サッシにはガラスが二重、三重で取り付けられているために、その重さは人力で及ぶ重量ではない。大工不足の原因の一つに、重量化した建材への逃避もあるだろう。能登半島地震でも、職人不足、施工力不足が問題視されたが、それは人力建設からの脱皮、オフサイト建設への進化を促すサインでもある。

労働者の作業環境を守るためにも、オフサイト建設への移行は待ったなしであり、今すぐにでも始めねばならない。今回の提案は、その状況を横目で睨みながら、災害復興用の住宅建設への対応力向上を同時で狙うものである。

「新住宅産業」とは、津波リスクを抱える輸入木材を主役とする木材加工業を山側へ上流へとシフトし、森林組合、製材所、プレカット業者が垂直的に統合しクラスターを結成、国産材を主軸とした真なる地域産業への変換を目指すものである。

そのクラスターは木材加工に留まらずに住宅生産まで突き進み、全国各地に少量・分散させ、平時には地域内の住宅生産を賄い、発災後には応急仮設住宅などへの供給生産拠点となる、そのダイナミックな脱皮を狙うものでもある。

人口減少、高齢化社会、国難級の災害、と怯えているだけでは前には進めない。力強く、アップデートしていく様を、先人たちは見守っている。天災もまた戦争に等しく、次の時代を拓く希望でもあるかもしれない。

この国が大地震に対して、無防備なはずはない。目には見えないかもしれないが、多くの準備が進んでいる。先人が植えてきた森林も然りである。拡大造林によって植えられたスギは、大径材（たいけいざい）となり、丈夫の姿で、あなたの裏山に仁王立ちしている。やるべき事を具体化し、計画に落として、社会実装を進めるべし、と考える。

参考文献

塩地博文（2022）森林列島再生論、日経BP

4章

木造ボックスユニット型応急仮設住宅＝新しい工業化住宅の可能性

東京都市大学 建築学科教授 建築都市デザイン学部長
小見康夫

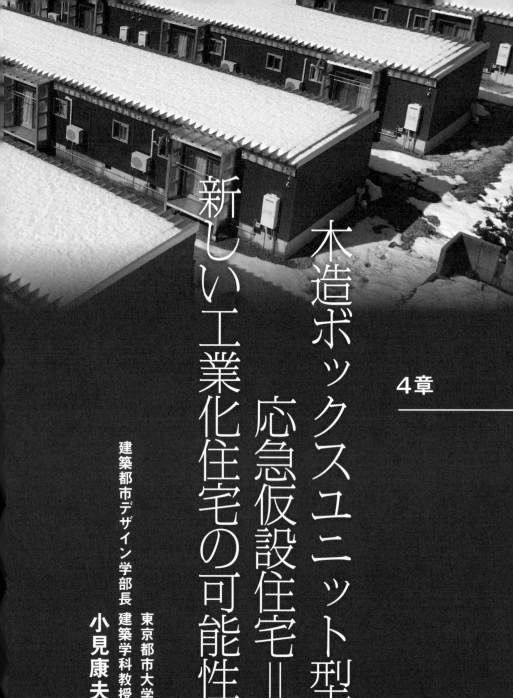

T型フォードの生産システムとグロピウスの夢

住宅の工業化─何とも手垢にまみれた言葉であるが、少し読み解いてみたい。遡ること20世紀初頭、米・フォード社が「T型フォード」で採用した、ベルトコンベヤ方式による分業生産システムが、その後の大量生産方式の先鞭をつけた。その実現には、個々の部品の製作精度が要求されることはもちろん、「標準部品」や「許容誤差」「品質管理」の概念が必要不可欠であったが、これらこそが工業化の原動力であり、それを成し遂げた自動車産業がお手本になったのである。

住宅の工業化もまずは自動車をお手本に構想されたが、自動車とは異なり、工場ライン上で完成させることができない。住宅より規模の大きな船舶でもドックという名の工場で造り、そこで完成したものを進水させればよいが、住まいとなると、キャンピングカーのようなものを除けばそうもいかない。

そこで考えられたのが、現場で規格化された部材を組み立てる方式である。バウハウスの創設者であり、モダニズム建築の巨匠の一人であるW・グロピウスも、若い頃からその実現に情熱を傾けた。1927年のヴァイセンホーフ住宅展で展示された「乾式組み立て住宅（トロッケン・モンタージュ・バウ）」はその嚆矢であり、

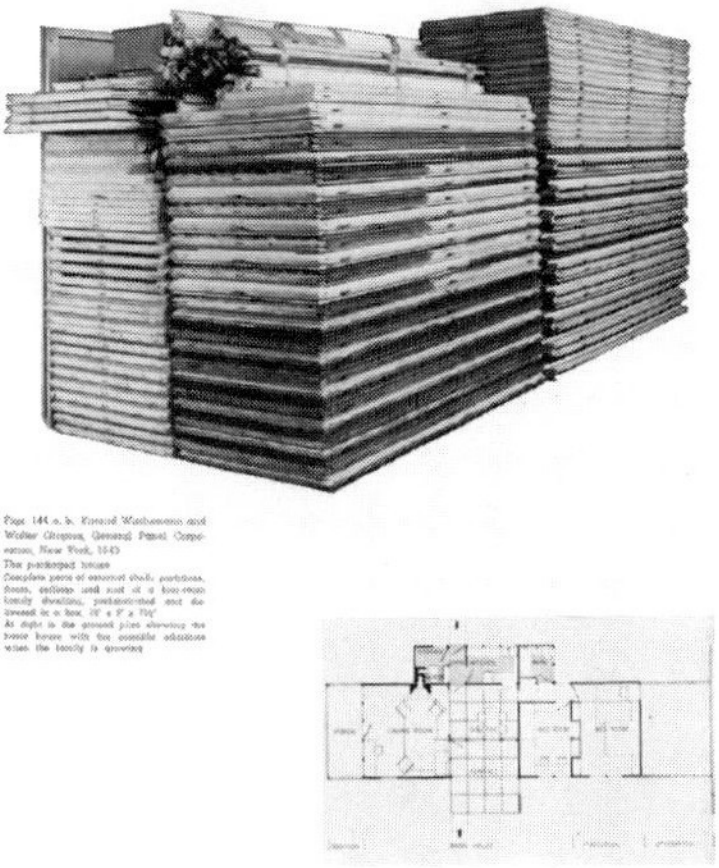

写真1
グロピウス+ワックスマンによるPackaged House Systemに用いられたパネル
出典：モホリ=ナジ・ラースロー著「Vision in Motion」Paul Theobald, Chicago 社より

1942年にK・ワックスマンと共に発表したパネルのユニバーサル・ジョイントによる「Packaged House System」は翌43年にU.S. Plywood Corporationの敷地内で披露され、製造会社が設立され、関係者の多くの関心を惹いたものの、実際につくられたのは僅かで、戦中・戦後の住宅需要に応えることはできなかった（写真1）。

わが国で独自に発展した「工業化住宅」

わが国では戦後、池辺陽や広瀬鎌二らの建築家が鉄骨やコンクリートパネルを用いた新しい住宅をいくつも発表し、戦後モダニズム住宅として大きな影響を与えたが、それらの住宅はあくまで彼らの作品として「提案」されたに留まり、実際に工場で量産化されることはなかった。これに対して、1959年に百貨店による月賦販売方式とともに登場した大和ハウス工業の「ミゼットハウス」は、企業主体で開発されたクローズドなシステムによる簡素なプレハブ住宅であったが、その後いくつもの企業の参入と淘汰を繰り返しながらわが国に「工業化住宅」という言葉を定着させた（写真2）。

写真２
わが国の工業化住宅の原点となったミゼットハウス
（大和ハウス工業株式会社広報企画室提供）

もっとも、これらプレハブ住宅メーカーの成功は世界的に見れば稀有な例であり、他国で時折この種のプレハブシステムが発表されることはあっても、それらが事業として成功した話は聞いたことがない。ではなぜ日本だけ成功できたのか。戦災で焼け野原と化した国土で圧倒的な住宅難を背景に、一刻も早く大量の住宅を供給する必要に迫られたこと、さらには当時は燃えやすかった木造住宅を軽量鉄骨やコンクリートなどによる「不燃住宅」に置き換えたいとの意向が働いたことなどによると考えられる。

しかしながら、登場してから60年以上を経た現在に至るまで、これら「工業化住宅」のシェアが20％を超えたことは一度もない。なぜか。それはこの間に木造住宅の方も進化したからである。在来軸組工法においてプレカット加工機が登場したのは１９７０年代、枠組壁工法（ツーバイフォー）がオープン化されたのは１９７４年である。

今や、プレカット率は93％に達し（令和3年度森林・林業白書より）、ツーバイフォー住宅もごく身近な存在となって久しい。さらに木造住宅でも耐火構造まで可能になった。かつては企画型商品のラインナップでデザイン力に一日の長のあった工業化住宅だが、今や建材部品メーカーのデザイン力が向上し、中小ビルダーでも最新の内外装材・設備機器を組み合わせれば、工業化住宅と遜色ないものが造れるようになった（その一方で、大手住宅メーカーは差別化のため、より高級路線へとシフトしつつある）。

こうしてわが国は、在来木造や伝統木造からツーバイフォー、S造、RC造、プレハブ各社のシステムといった、互換性のない様々な構工法で住宅が大量に供給されるという、世界でも珍しい状況の中、今日に至っている。

現在の建設型応急仮設住宅のもつ課題

ここで建設型応急仮設住宅（以下、仮設住宅）に目を移してみよう。災害救助法（昭和22年法律第118号）の施行令第9条に基づく告示によれば、仮設住宅は「災害発生の日から20日以内に着工し、速やかに設置」し、供与期間は「建築工事が完了した日から最長2年3ヶ月以内」となっている。このうち供与期間については、住宅局長通達により「被災者の住宅の需要に応ずるに足りる適当な住宅が不足するため、（中略）、かつ、安全上、防火上及び衛生上支障がないと認めるときは、（中略）、更に一年を超えない範囲内において同項の許可の期間を延長することができることとするとともに、当該延長に係る期間が満了した場合においても、この要件を満たすと認められる場合は同様に延長することができること」とされている。
つまり、事情があれば1年ずつ延長することができる。実際、東日本大震災の仮設住宅では宮城県・岩手県で最長10年、原発避難の福島県では未だに居住者が存在する（2026年3月完全退去予定なので15年に達する）。最長2年3ヶ月という規定はもはや絵に描いた餅といってよいのが実情である。20日以内の着工はどうか。衆知のように能登半島地震では幹線道路が寸断されて着工が大幅に遅れ、発災から2か月ほど経ってようやく軌道に乗り始めたが、職人が金沢市内の宿泊施設から片道3時間以上かけて現場に通う状況では工事が思うように進まず、供給は大幅に遅れた。地理的な事情に加え、高齢化等による職人不足もこれに追い打ちをかけた。着工時期についてももはや実態に合わなくなっている。

写真3
システム建築による一般的な応急仮設住宅
（著者撮影）

ところで、これら仮設住宅の大部分は簡易なプレハブ工法によるもので占められている。といっても前述の「工業化住宅」ではなく（東日本大震災では供給規模が大きかったためこちらも用いられたが）、仮設事務所など期間限定で使われる、鉄骨躯体に鋼板パネルなどを組み合わせた「システム建築」と呼ばれるもので（**写真3**）、これに内装・設備工事を施して仮設住宅に仕立てる。お世辞にも見栄えがよいとは言えず、性能もそれなりで、2年程度ならともかく10年

写真4
トレーラーハウスの例
（著者撮影）

も住むのはなかなか厳しい。

問題は、これらプレハブ工法による仮設住宅ですら、迅速な供給がおぼつかなかったという事実である。何の事はない、内装・設備工事はプレハブでも何でもなく、構造や外装ができた後、数か月もかかってやっと完成するからである。

それなら内装まで完成した状態で引っ張ってくる「トレーラーハウス」が良いのではと誰しも思うだろう（**写真4**）。実際、能登半島地震でも発災初期の段階からその機動力の高さで仮設住宅の早期供給に貢献した。しかし、1つのユニットが大きく運搬が難しいケースが少なくないこと、法律上は車両と見なされるため車検を始めとして様々な制約を受けることなど、一般解になりにくく、また業界の規模が小さいため（年間8千台程度と言われる）、供給力にも限界がある。

木造によるボックスユニット工法＝新しい工業化住宅

そこで考えられるのが、建物をいくつかの箱に分割し、トラックに乗せ、現地で合体させる方法である。いわゆる「ユニット工法」と呼ばれるものだが、これは和製英語で、「Volumetric Modular (Unit) Construction」と言わなければ通

写真 5
最初の量産型ユニット住宅
セキスイハイム M1
（著者撮影）

じない。ちなみに箱ではなくパネル類でつくる工法は「Panelized Modular (Unit) Construction」と言う。能登半島での仮設住宅の供給方法として公式資料などでは「ムービングハウス」の分類名が使われてもいるが、これも和製英語である。ともかく、この工法（以下、便宜的に「ボックスユニット工法」と呼ぶことにする）は「工業化住宅」としては、積水化学工業（**写真5**）やトヨタホームが半世紀以上前から供給しており、他の追随を許さない。

来日した海外のビルダーや研究者が、これらのボックスユニットが工場ライン上でロボット溶接され順次出来上がっていく姿を見て、これこそが自動車をお手本にした究極の工業化だと一様に驚く姿を何度も見てきた。確かにその通りかもしれない。しかし、いずれも全くクローズドな工法のため、その会社の工場でしか造れない。その意味ではトレーラーハウスにやや近い。そのため、仮設住宅の大量供給では問題となる。

それならどうすれば良いか。それは、木造のオープン工法でボックスユニットをつくることである。オープン工法であれば資材は市中から調達できる。職人も一般の住宅に携わる職人でよい。何より、特別な工場ラインもロボットも要らず、特殊な認定（住宅型式認定）をとる必要もなく、従って特別な投資が要らない。「空き地」さえあれば、そこに資材と職人を集め、そこ（オフサイト）で複数

写真6
オフサイト（建設会社の駐車場）で組み立てられる仮設住宅の木造ボックスユニット
（著者撮影）

のボックスユニットからなる住宅を建て、それをバラして現地（オンサイト）まで運んで再び合体すればよい（**写真6**）。もしオフサイトの工程を短縮したければ、あらかじめ工場でパネル化したもの（ウッドステーションによる大型パネル工法等）を用いるという手もある。

基本的に一般の木造住宅と同じ造り方のため、各種性能において遜色はない。これらは自動車のような生産方式とは異なる、言わば「草の根プレファブリケーション」であり、もう一つの究極の工業化の姿、すなわち「新しい工業化住宅」と呼べるのではないだろうか。

住宅の大量生産に特別なプレハブ技術は必要か？

実は「住宅の量産化に特別なプレハブ技術は必要ない」として、かつて大成功した実業家がいた。郊外住宅地の原型と言われる「レヴィットタウン」で有名なウィリアム・レヴィットである。彼は第二次世界大戦後の復員兵らによる大量の住宅需要に応えるべく、郊外に広大な土地を買い、そこに木造住宅を大量生産した。

彼がお手本にしたのはやはりフォード社のベルトコンベヤ方式であったが、動くのはベルトに乗った半製品ではなく、職人の方が家から家に順次移動していくと

写真 7
レヴィットタウン
（第 2 期のペンシルベニア郊外団地の空撮）
出典：Wikipedia:Life after the war

いう逆転の発想によるものであった。そのため特殊な工法は必要とせず（むしろ不慣れによるデメリットの方が大きい）、その代わり、木材調達のため森林を買って製材工場をつくり、セメント工場をつくり、釘調達のため大量の鉄スクラップを買って製釘工場をつくり、当時登場したばかりの電動工具を揃えるなど、徹底的な中間マージンのカットとスケールメリットを活かした調達で、グロピウスもついに叶わなかった住宅の大量生産を実現した。

ニューヨーク郊外の最初のレヴィットタウン（1949年）だけで1万7000戸が供給され8万人以上が入居し、学校や病院、教会、スーパーマーケットなどの施設もつくられた（**写真7**）。こうして「郊外住宅地」が発明されたのである。

手垢にまみれた感のある「住宅の工業化」は、このように逆転の発想で「新しい工業化住宅」として生まれ変われるのではないだろうか。

在来工法やツーバイフォー工法でわざわざオフサイトで建設し、それをオンサイトまで運ぶというのは空気を運ぶようなもので、ましてや狭い道路と電柱・電線で囲まれた住宅地なら楊重もままならず、それならオンサイトで普通に建設すればよいと誰もが考えるだろう。しかし、建設業就業者数が大きく減少し、これからも減少し続ける中、住宅の大量生産が求められるとしたら、その主戦場は、かつてのマスハウジング期の建売住宅のようなものではなく、大規模災害時・

写真 8
オンサイト（現地）で据え付けられる仮設住宅の木造ボックスユニット（著者撮影）

災害後の応急仮設住宅や復興住宅のようなものになるに違いない。東南海トラフ巨大地震が起これば、必要な建設型応急仮設住宅の数は84万戸以上というとてつもない推計結果（「大規模災害時における被災者の住まいの確保に関する検討会」による）があり、その供給には8年かかるとされるが、これに対する有効な手立てを今まだ私たちは持っていない。

かつての「工業化住宅」が戦後の圧倒的住宅不足の解消に一役買ったように、「新しい工業化住宅」は今後来るであろう巨大災害での圧倒的な仮設住宅不足の解消に一役買うために生まれたと言っても過言ではないだろう。

仮設住宅備蓄団地「ナガサカタウン」への期待

能登半島地震における建設型応急仮設住宅7000戸弱に対して、全くの新参者であった（一社）日本モバイル建築協会は、木造ボックスユニット工法で500戸以上の供給実績を挙げた（写真8）。技術的には概ね問題ないことはそれが実証している。またこれらの住宅は通常の住宅とスペック的に何ら変わるものではないため、仮設としてだけでなく、その後の本設としての利用にも十分耐えられるだろう。

問題は南海トラフ巨大地震時に発生するであろう能登の約100倍の需要にどう応えるかである。同協会代表の長坂先生は、平時から仮設住宅を簡易宿泊施設などとして社会的に「備蓄」しておくことや、それらをふるさと納税やクラウドファウンディングと組み合わせることを提案されている。私は最初にそれを聞いたとき、正直なところあまりピンとこなかった。そんな施設を一体いくつつくれるか想像ができなかったからである。しかし、最初の試みは僅かであっても、それが全国津々浦々の自治体に広がれば相当な数になるに違いない。オープン工法を用いる「草の根プレファブリケーション」のメリットはそのためにあると言ってもいい。

長坂先生とウッドステーションほか関係者らによる「新しい工業化住宅」が、かつてのレヴィットタウンがそうであったように、仮設住宅備蓄団地という新しい風景「ナガサカタウン（勝手に命名して失礼！）」を「発明」する原動力になることを願ってやまない。

145　木造ボックスユニット型応急仮設住宅＝新しい工業化住宅の可能性

5章

地域工務店が抱える諸問題とそれを解決するための工業化手法

一般社団法人日本モバイル建築協会 主席コンサルタント
株式会社クリエイト礼文 代理取締役
大場友和

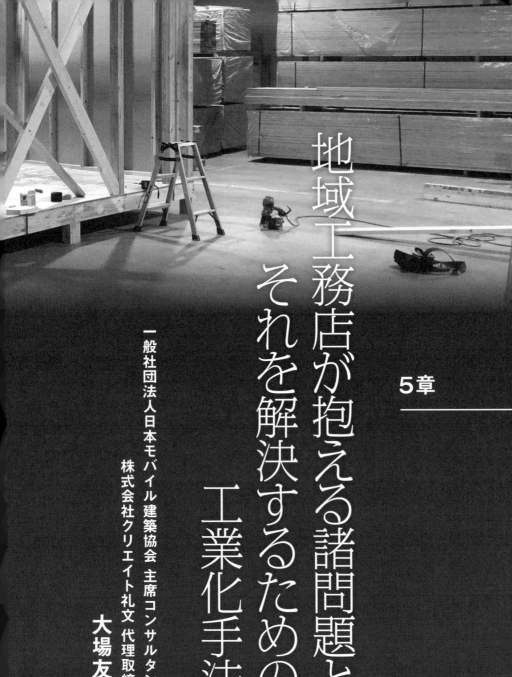

UNI
UNI

ますます深刻化する作り手不足
現在の供給体制で緊急時に対応できるのか

より長く、さらには恒久的に使うことができる木造の応急仮設住宅を供給しようとすると、当然ながら緊急時にも十分に対応できる生産能力が必要になる。果たして、今の住宅業界は、例えば南海トラフ地震などの巨大災害が発生した際に、十分な量の応急仮設住宅、さらには復興住宅を供給できるだけの生産能力を備えているのだろうか。残念ながら、自信を持って「ＹＥＳ」とは答えられないのではないだろうか。

総務省の「国勢調査」によると、２０２０年時点での大工就業者は29万８０００人。１９８０年には93万７０００人、２０００年でも64万７０００人いた大工が、30万人を割り込むまでに減っているのだ（図１）。２０００年から２０２０年までの20年間で半減しており、減少のスピードはより速くなっている。

同時に高齢化も進む。２０２０年時点で60歳以上の大工就業者の割合は43％にも達しており、建設業従業者全体と比較しても、突出して60歳以上の割合が多いのだ。これに対して30歳未満の割合は7％に留まっている。

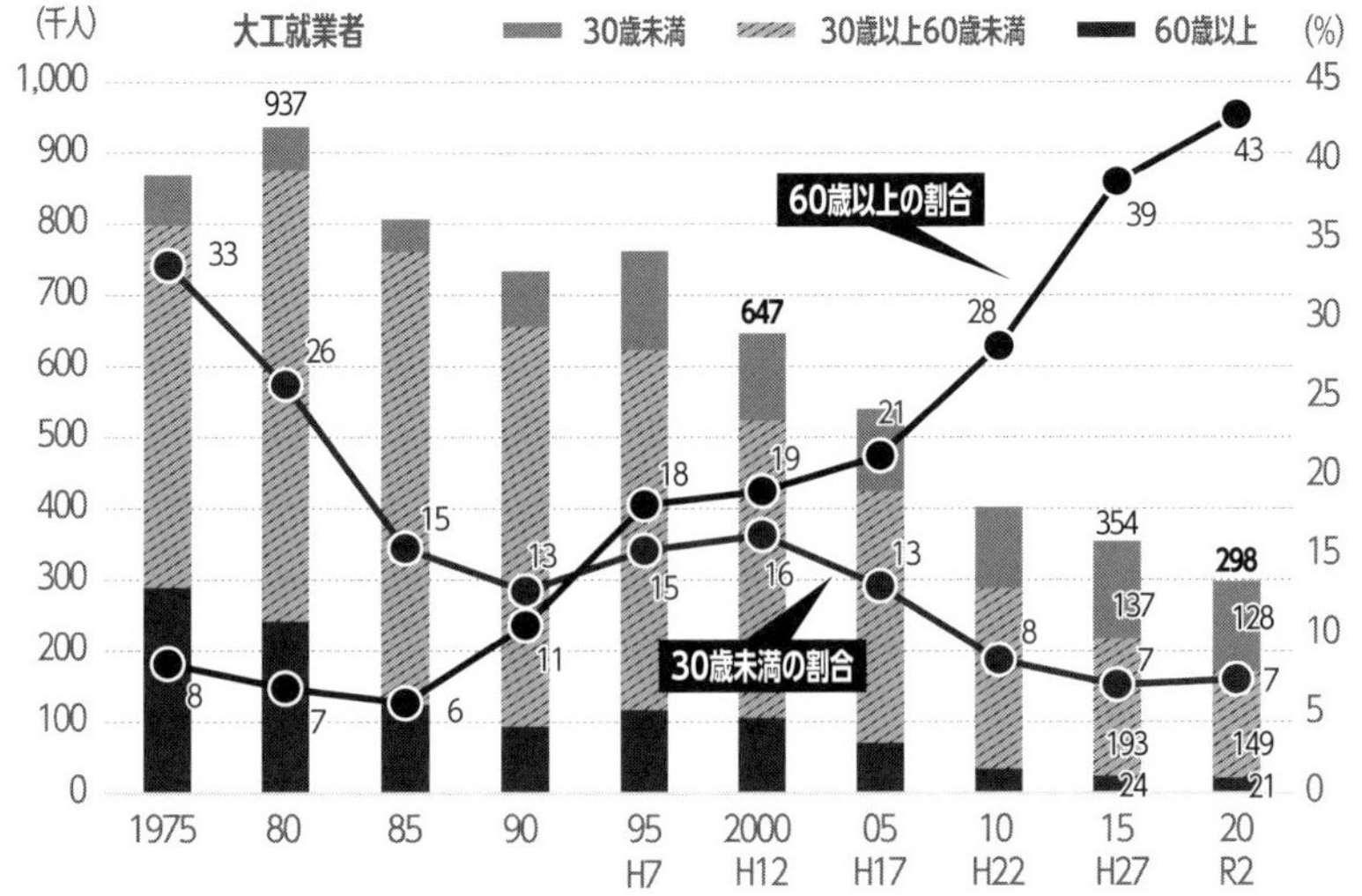

図１　大工就業者の推移　　総務省「令和２年 国勢調査」

着工の減少以上に加速する人手不足 生産性の向上が不可欠

野村総合研究所（ＮＲＩ）が２０２３年６月に公表した調査データによると、大工をはじめ、配管事業者、左官などを含めた住宅建設技能者は、２０４０年に、高齢化などにより２０２０年（約82万人）の約６割にあたる約51万人に減少するという。大工だけに限定すると２０２０年の約30万人から２０４０年には半減以下の約13万人にまで減少すると予測する。

ＮＲＩでは、２０４０年度の新設住宅着工数は約55万戸（２０２２年度比約36％減）にまで減少するとも予測している。ただし、住宅着工数の落ち込み以上に大工減少のスピードは速く、「住宅建設技能者１人当たり約１・３倍の生産性向上が求められている」と指摘する。

重くなる建材が阻む効率化

人手不足によって生産性の向上が求められている住宅業界だが、性能の向上などの流れのなかで、効率性を高めることが難しくなってきているという側面もある。

その好例が開口部ではないか。あるサッシメーカーの幅1650㎜×高さ1100㎜の引き違い窓の重量を仕様の違いで比較していくと、アルミフレーム＋単板ガラスで約20kg、アルミ樹脂複合フレーム＋複層ガラスで約35kg、樹脂フレーム＋トリプルガラスで約55kgになる。性能が高くなるにつれて、その重量も増えていくというわけだ。

高性能化と共に重量化したサッシを、高齢化が進む住宅の建築現場で施工していく様子をイメージして欲しい。これだけでも効率性が低下していくことが分かるだろうか。

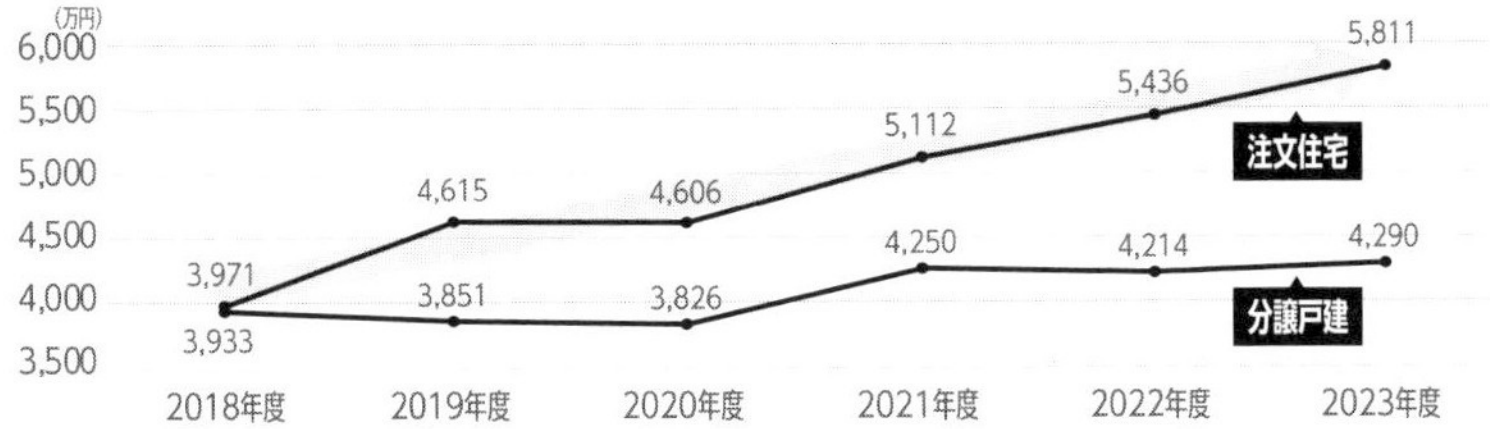

図2　住宅の購入資金総額の推移　　国土交通省「令和5年度 住宅市場動向調査」

高騰する建築費
効率化によるコスト圧縮も求められる

近年、建築費が高騰し、結果として住宅価格が上昇している。国土交通省の「令和５年度 住宅市場動向調査」によると、２０１８年度の注文住宅の購入資金総額の平均は３９７１万円であったが、２０２３年度は５８１１万円にまで上昇している（図２）。分譲戸建て住宅についても、２０１８年度の３９３３万円から４２９０万円にまで増加している。

これに伴い住宅取得者の平均所得水準は、注文住宅の場合、２０１８年度の７０５万円から９１５万円にまで上昇、分譲戸建て住宅も７３８万円から７６１万円にまで増えている。

厚生労働省の「令和５年 国民生活基礎調査」を見ていくと、全世帯の平均所得金額は５２４万２０００円となっている（図３）。しかも、この平均所得金額に満たない世帯は62・２％もいることも分かっている。

住宅価格が上昇し、世帯年収がなかなか増えてこないという状況下で、住宅はますます〝高嶺の花〟になってきているということだ。

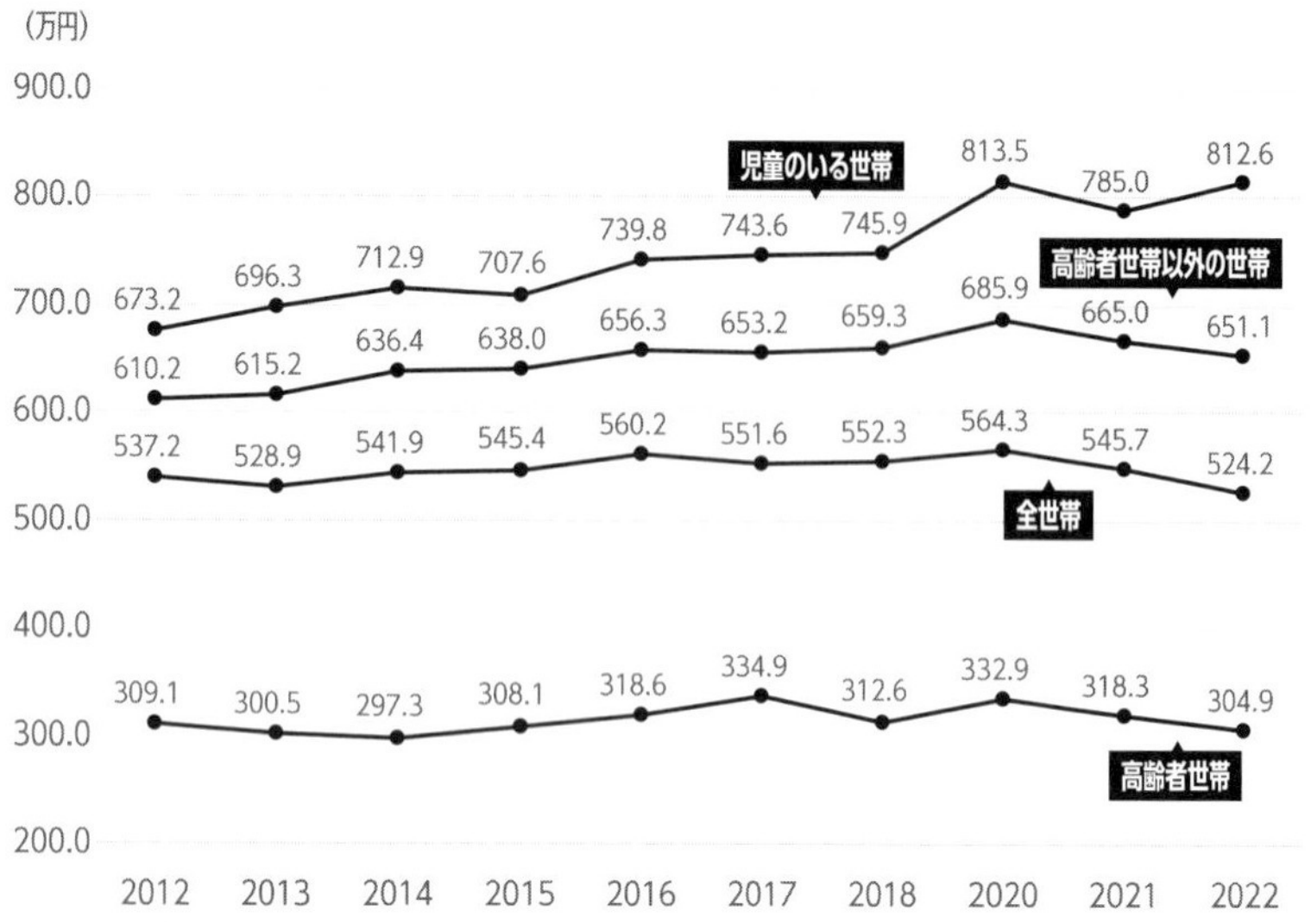

厚生労働省「令和5年 国民生活基礎調査」

図3 1世帯当たりの平均所得金額

私が代表を務めるクリエイト礼文では、本社がある山形県と宮城県を中心として、年間300棟ほどの戸建住宅を供給している。

山形県内で戸建住宅を購入しようという方々の所得水準は、ダブルインカムの場合でも450万円ほど。そのため住宅取得の総額を3500万円ほどに抑える必要がある。土地代が1000万円とすると、建物は2500万円以内を目安にすることになる。

しかし、ここ最近の建築費の高騰によって、2500万円で収めることが難しくなってきている。建物の面積を減らすといった対応を講じてはいるが、それも限界を迎えつつあるというのが今の状況である。

こうした問題は、当社だけでなく、多くの地方の工務店が抱えているのではないだろうか。年収から導き出した予算内に収まらないとなると、お客さまは中古住宅や賃貸へと選択肢を移行させていき、戸建住宅の新築市場はますます厳しい状況を迎えることになる。
住宅建築を効率化し、生産性を高めていくということは、住宅価格を抑えながら、お客さまが満足する建物を実現していくという観点でも重要になってきているのだ。

省エネ基準の義務化や4号建築特例の縮小でキャッシュ・コンバージョン・サイクルが悪化

2025年4月から4号建築特例が縮小される。これまでの建築基準法では、延べ床面積500㎡以下かつ、高さ13mもしくは軒高9m以下の木造2階建てと平屋について、4号建築として位置付け、建築士が設計・工事管理を行う場合、確認申請時に構造関係図書の審査を省略することができた。これが4号建築の特例と呼ばれるものだ

構造関係図書の審査が不要となるため、仕様規定（壁量計算）という簡易的な手法で構造の安全性を確認することが主流となっている。

2025年4月からこの特例の対象が縮小される。2階建て以上、または延べ床面積が200㎡を超える木造建築物は「新2号建築物」となり、構造関係図

書の提出が必須になるのだ。

「新2号建築物」へ移行しても、仕様規定で構造の安全性を確認することは可能だが、仕様規定の厳格化によって、必要となる壁量などが増えることが予想され、場合によっては設計や間取りの自由度が低下する懸念がある。

簡易な構造計算の手法である許容応力度計算を用いて設計を行うことで、こうした状況を回避できるため、4号建築特例の縮小に伴い、仕様規定から許容応力度計算へと移行する住宅事業者が増えることが予想されている。しかし、業務手間は格段に増えることになるだろう。

2025年4月から省エネ基準の義務化もスタートする。そのため、確認申請時には構造関係図書だけでなく、省エネ関連の図書の提出も求められるというわけだ。

さらに言えば、申請から着工までの期間も伸びる懸念がある。

当社の例で言うと、これまでは契約から引渡しまで6~7カ月の期間を要していたが、2025年4月以降は、9~10カ月ほどの期間を見た方がいいと考えている。この3カ月の差は工務店の経営にとっては非常に大きい影響を及ぼすだろう。

キャッシュ・コンバージョン・サイクル（CCC）が長くなり、資金繰りなどが

写真１　クリエイト礼文のコンポーネント工場

悪化する心配があるのだ。

工務店経営という視点で、効率化を図り、工期短縮を実現し、ＣＣＣを改善していくことが今まで以上に強く求められようとしている。

オフサイト化＝工業化で生産効率を高めて諸問題を解決していく

ここまで工務店を取り巻く諸問題について述べてきたが、これらの問題を解決するにはオフサイト化、つまり工業化の手法を活用していくことが不可欠ではないだろうか。

当社では、コンポーネント工場を自社で保有している（**写真１**）。受注棟数が１００棟を超える当たりから、コストパフォーマンスと生産性を高めていくためには、コンポーネント工場を内製化した方がメリットが大きくなると判断したのだ。

当社の主力は「ユニテハウス」という、２×４工法のボックス型の住宅。２×４工法の方が軸組と比較するとオートメーション化に取り組みやすく、自社工場に３次元加工機を導入することでパネル製造まで行うことが可能である。

ボックス型の形状を採用した理由は、規格化を図り、レギュレーションを作り

写真 2
セミパネル化によって生産性を向上

やすいから。建物の構造躯体については、レギュレーションを共有しながら規格化を推し進め、内装などでお客さまの要望に柔軟に対応していこうというわけだ。これによって施工品質の向上も図れる。

ただし、パネル化をしていると言っても構造躯体の部分のみで、外壁や開口部などは現場で施工している（**写真2**）。その意味では、セミパネル化と言っていいだろう。対して、6章では（一社）日本モバイル建築協会で技術アドバイザー兼主席コンサルタントを務める萩原浩氏がフルパネル化に関して解説しているので、そちらを参照して欲しい。

同時に当社では、大工だけでなく、様々な専門工事を行う職人を社員化している。現在、58名の職人を社員化しており、大工工事だけでなく、土木工事やサイディングの施工、屋根板金なども内製化できる体制を整えている。コンポーネント工場での生産に関する情報をこうした社内の職人と共有することで、より合理的に工事を進行させる体制を整えている。

当社が取り組んでいることは、かつての工務店が当たり前に行っていたことかもしれない。多くの工務店が自社の職人を抱え、下小屋という作業のためのスペースを確保していた。下小屋である程度まで加工したものを現場に運び込んでいた。その意味では、建設現場以外での作業を増やすことで効率化を図るオフサ

写真３
オフサイト化を進めることで作り手不足などにも対応

イト化が進んでいたとも言えるのではないか。

プレカット材の普及もあり、下小屋を設ける工務店が減少し、社員大工なども減っていった。諸問題を解決していき、なおかつ大災害への備えを万全にするためには、工務店レベルでもやはり住宅建築の大部分をオフサイトで行う工業化手法を導入していくべきである。

地域で工業化手法を共有するために

地域の工務店が工業化手法を活用すると言っても、なかなか一社単独では難しい面もあるだろう。当社のように自社でコンポーネント工場や職人を抱えると、設備投資や人件費などのコストがかかるだけでなく、平準化という難しい課題もクリアする必要がある。着工の標準化ができないと、工場の製造ラインや職人を遊ばせてしまう時間が出来てしまうからだ。この点について当社では、他社のパネルの製造と工事を請け負うことで対応を図っている。

いずれにしても、地域の工務店が今から工場まで抱え込むことは現実的ではない。（一社）日本モバイル建築協会では、災害時の住宅供給をスムーズに行うために、工業化されたモバイル建築を平常時には一般住宅などに活用することを

写真４
モバイル建築の試作

提案している。

工業化の手法については、日本各地のコンポーネント工場においてフルパネル化された部材を製造し、それを地域の工務店が共有していく仕組みを構築していくことを考えている。

物流コストの効率を鑑み、パネル製造工場としての役割を果たすコンポーネント工場から地域の建築現場にほど近い、中小規模工場にパネルを運び込み、そこで開口部や外壁材を施工し、現場に運び込んでいくというサプライチェーンを構築していくことを目指している。

一般的なＦＣの場合、販売する工法や住宅などを共通化していこうとするが、我々の考え方はそれとは一線を画している。工務店は従来の設計仕様のまま、フルパネルを核として新たなサプライチェーンを、それぞれの工務店やコンポーネント工場、製材所、プレカット工場などの住宅関連の事業者の方々と作り上げていこうと考えている。それによって工業化による住宅の生産方式を実現することが、住宅業界の生産性の向上、さらには災害時の住宅供給の迅速化につながるはずだ。

159　地域工務店が抱える諸問題とそれを解決するための工業化手法

column

モバイル建築が木造建築に及ぼす好影響

東京大学大学院農学生命科学研究科 教授
一般社団法人日本モバイル建築協会 技術アドバイザー
青木謙治

東日本大震災を契機に木造の仮設住宅に注目

東日本大震災で木造の応急仮設住宅が登場し、作るという点では非常に困難であったようだが、入居者の方々には好評で、一般的なプレハブ建築の仮設住宅よりも概ね高い評価を得た。当時の木造の仮設住宅については、それほど断熱性能が良かったわけではないだろうが、潜在的に木の建築を好むという日本人の特性が影響していたのかもしれない。

ただし、プレハブ建築と比較するとシステマティックに同じものを大量供給していくことは、木造では難しいだろうなとは感じた。

過去に、ある移動式木造住宅メーカーの木造コンテナハウスの性能評定をする機会があり、なかなか面白い世界だなと感じたが、その時は木造のコンテナハウスを応急仮設住宅に利用するという発想はなかった。その後、前記の震災を経て（一社）日本モバイル建築協会からモバイル建築の話を聞き、これであれば木造でも同じ建物を大量供給することが可能になるという印象を受けた。また、平常時は通常の建築物として利用し、災害時には分解して被災地に持っていき、迅速に仮設住宅を供給できるようにするという発想も非常にユニークなものである。

それぞれのユニットの断熱・気密性能を高めていけば、容易に高性能化を図れるという点も期待度は大きい。建設コストがさらに上昇してくると、現場で木造仮設住宅を建築すると、1棟当たりのコストが高くなってしまう懸念があるが、オフサイトでユニット化する手法であれば、こうした問題も解消できる可能性を秘めている。

必要な時に必要な量の材料が入手できるのであれば、作り手は全国各地に

（上）東日本大震災で供給された木造の応急仮設住宅
（下）モバイル建築で木造の弱点を補い、長所を伸ばす

いるので、仕組みさえ構築すればプレハブ建築と同じように大量のモバイル建築を供給していくことは不可能ではないだろう。平常時に全国の工務店などがモバイル建築を活用した住宅を供給する仕組みを整備していけば、作り手不足の解消や新たな木造建築に関するサプライチェーンの構築にも貢献する。

ヨーロッパなどでは既に木造のユニットを組み合わせながら集合住宅を建築していくといった事例が出てきているようだが、まだまだ技術的な課題もあるという話を聞いている。日本が世界に先行して木造モバイル建築を普及していく点でも先進的な取り組みとなるはずだ。

サプライヤーにもメリットをもたらす

モバイル建築の場合、形態が決まっているので、同じ材料を大量に生産して使えるというメリットもある。軸組工法の場合、非常に多くの種類の構造材料や建材などを必要とする。それが軸組工法の多様性や設計上の柔軟性を生んでいるわけだが、効率性という点では課題も多い。対して、2×4工法を採用した場合、建物の形状や部材寸法なども統一化できるモバイル建築であれば、材料供給する側にとっても利点は多いのではないか。ストックしておくことも容易になるので、災害発生時に材料の需要が高まったとしても、ある程度は対応を図れる。

製材の規格や基準の見直しも視野に

ただし、より効率性を追い求めるのであれば、製材の規格や基準などにまで踏み込んだ検討も必要になるかもしれない。

例えば、軸組工法のために製材する場合、3mや4mの長さでカットしていく。2×4工法のための材料は2・4mくらいの長さになるので、例えば3mでカットされた木材を2×4材に使用しようとすると、0・5mくらいの無駄が発生してしまう。

2×4は床の上にスタッドを建てて、そこにまた床を乗せていくので、階高自体は軸組と変わらなくても、柱の長さはどうしても短くなってしまう。そのため、製材工場で軸組と2×4用の材料を同時に製材することが難しいという状況がある。

また、軸組のJAS認定を取得した製材工場が、2×4もやろうとなると別の認証を取得する必要がある。その分だけコストも手間もかかってしまう。このあたりは現在の木材のサプライチェーンの問題点ではないか。

理想的には、基本的には同じサイズの板材に製材し、それを2×4材や、集成材などのエンジニアードウッドなどにも利用できるようにすると、製材工程の効率化を図れるのではないかと考えている。ヨーロッパなどでは、2×4の材がCLTなどにも使われている。日本の場合、集成材は30㎜が標準で、2×4材の厚さが38㎜なので、かなり差がある。

現状の日本では、材料ごとに原料サイズが異なるため、「これは軸組用」、「これは2×4」といったことを個別に考えないといけない。それでは作業が複雑になるので、軸組用だけを製材するといった専門業者化していかざるを得ないという実情もある。

スギ材の2×4への利用に強度的な不安はない

2×4に国産のスギ材を使うことに不安を感じる工務店なども多いようだが、2×4材のほとんどがいまだにSPFが占めており、1割くらいは国産のスギ材に変わってきている。ようやくここまで辿り着いたという感じだ。国土交通省の基準強度上では、カナダ産のSPFの方が、国産のスギ材よりも少しだけ強度が高く設定されている。しかし、実際に実験してみるとスギの方が強い場合もある。

その結果を踏まえると、国産のスギ材は安心して2×4に利用できる。ベイマツなどと比較すると、さすがに少し強度的には劣るが、SPFとの比較であれば強度的にはそん色ないと考えていいだろう。

フィンガージョイントで継いで使えるという点も国産材を2×4工法に使うメリットになる。フィンガージョイントで継いだ場合の強度については、構造計算上では継いでいない材料と全く同じである。なんとなく弱そうな印象があるかもしれないが、実験すると折れる強度は継いでいる場合も、継いでいない場合も下限値評価を行うとほぼ同じになる。

ただし、まぐさや床根太といった曲げ強度が必要になる部分については、ベイマツやI型ジョイストなどを利用した方がリーズナブルに剛性を高めることができる。適材適所の考え方で、たて枠などは国産のスギをどんどん活用していけばいいのではないか。

モバイル建築の普及に向けた技術的な課題

現時点ではモバイル建築の普及に向けた技術的な課題があることも事実だ。

2×4は壁の上に頭つなぎを乗せる。その上に2階の床を乗せる形であれば、通常の2×4工法と変わりなく施工できる。しかし、頭つなぎの上にモバイル建築ならではの大梁のようなものを乗せてしまうと、1階大梁と2階床梁をつなぐことが難しくなる。1階ユニットの頭つなぎが表に出ている状態にして、2階ユニットを乗せることができれば解決するのだろうが、その場合はユニットの曲げ剛性が低下するので、1階部分のユニットを据え付ける際に、クレーンで吊り上げることが難しくなる。フォークリフトのようなもので下から持ち上げればいいかもしれない。

材料的には材積が増えてしまうことも考慮する必要がある。ユニットで組み立てていくので、ユニット同士の接合部分には柱が2本存在することになる。梁についても通常の2×4建築よりは増えてしまうのだ。

まずは特定の地域での成功事例の創出を

人手が少なくなり、効率化を追求していく過程で、工業化という手法の導入を検討することは避けては通れないだろう。そもそも2×4についても、以前は現場で枠組みに合板を釘打ちし、そのパネルを建て起こしてという工程を踏んでいたわけだが、今は工場でパネルをつくり現場に運ぶという手法が主流になっている。軸組についてもプレカット材を活用するということは、ある程度、工業化を進めた結果だ。問題はどこまで工業化を進めていくかだろう。言い換えると、どこまでをオフサイト（工場）で行い、現場での作業をどこまで減ら

木造のコンテナユニット
だからこその解決すべき
技術開発も

すかである。

程度の差はあるかもしれないが、人手不足や職人の高齢化、さらに言えば高性能に向けた社会的な要求といった現状を考慮すると、工業化は進めざるを得ないのではないか。こうした視点で2×4建築の工業化を突き詰めたハウスメーカーも登場している。結果として、工業化によって高性能住宅をより効率的に供給するシステムの構築に成功している。

（一社）日本モバイル建築協会では、既に住宅の工業化やフルパネル化に取り組んでいる住宅メーカーも参考にしながら、それを地域レベルに落とし込んでいこうとしているわけだが、それを実現していく上で乗り越えるべき問題も出てくるだろう。例えば品質管理の問題。全国各地でフルパネルを製造し、それを地域の工務店などが利用するとなると、そのパネルの品質を誰が、どのように担保するのかという問題が出てくる。

プレハブ住宅メーカーの場合、型式認定の取得に際して、それぞれの生産工場の品質管理体制なども審査される。2×4の場合はオープン工法なので、型式認定を取得する必要はないだろう。その際に、誰が、どのように品質を管理するのかということを明確にすることが求められる。まずは特定の地域で品質管理体制まで含めた成功事例を生み出し、それを各地に水平展開していくというやり方が現実的ではないだろうか。

6章

根本的な課題解消を目指した革新的な住宅生産

一般社団法人日本モバイル建築協会
技術アドバイザー兼主席コンサルタント
萩原浩

高付加価値によって
フィリピンの工場でパネル化するメリットを生み出す

住宅建築の生産性を飛躍的に向上し、平時だけでなく、災害時に備えようとなると、フルパネル化による工業化手法の導入を考えざるを得ないだろう。

私は一条工務店において、コストと効率性、さらには住宅性能を追求するために、2×4工法を用いたフルパネル化による生産方法の確立に携わった。ここで言うフルパネル化とは、工場で断熱材や外壁、サッシなどが一体化されたパネルを製造し、それを現場で組み立てることで上棟まで行けるというものだ。一条工務店では、実際にフィリピン工場で製造したフルパネルを用いて、高性能住宅を建築することを実現している。

パネル化を進めるに当たって、私が重要視した要素のひとつがコスト採算性であった。構造躯体のパネル化については、そもそも採算ベースに乗せることが非常に難しい。工場でパネルを製造し、それを現場に運び込むわけだから、どうしても物流コストが増大していく。しかも一条工務店は、フィリピンで製造してパネルを日本に運ぶわけなので、国内で製造するよりも物流コストが増えていくことが予想された。

一般的に考えると、現場に柱や梁などを運び込んで組み立てていく方が物流的には効率的だろう。荷姿が非常にコンパクトになり、いわゆる「空気を運んでいる」という状況を回避できるからだ。

しかし、実際には現場に運ぶものは構造躯体だけではない。断熱材や外壁、窓などがバラバラに搬入される。遠くにある複数の建材メーカーの工場から、個別散在する建設現場に運びこまれることになる。そこまで視点を広げていくと、現場で多くの工程をこなすことが効率的なのかという疑問がわいてくるだろう。

一方でパネル化すれば、パネルを製造する工場に多くの建材を納品すればいい。そこで一体化し、現場に運び込んでいくので物流的な視点でも効率性は向上していくのだ。建材メーカーのサプライヤーにとっても、パネル工場に納めればいいのでコスト削減につながる。

ただし、そうは言っても表面的な物流コストは増えてしまう。そこで重要視したのが、パネルの高付加価値化であった。現場で組み立てる以上の付加価値を工場で生産するパネルに付与することができれば、表面的な物流コストのアップ分は容易に吸収できるはずだと考えた。この点については後述することにする。

工業化への第一ステップ　軸組用の断熱パネルを開発

高付加価値化を進める上で重視したのが断熱性能の向上。今の断熱等性能等級で言うと、等級4や等級5では誰もが認める価値は生まれない。最低でも等級6レベルを実現する必要がある。

しかし、等級6を実現しようと思うと、外断熱の採用を検討してなくていけない。一条工務店でもパネル化を推進する前から、外断熱について研究していた。先行している他社の事例も学んだりもしたが、その当時はコスト的に合わないということで、時期尚早と判断したという経緯があった。

そこで断熱パネルというものを開発した。合板に間柱が付いて、EPSの断熱材が一体化されているものだ。フルパネルによる工業化を実現することで、性能が高い住宅を割安の価格で提供することが目標であったが、当時の一条工務店にはそのノウハウや技術が足りなかった。

今、やれることをやってみようということで、軸組工法用の断熱パネル開発に着手したのだ。その目標は、断熱性能を高めることと、筋かいを無くすことで耐震性能を向上すること。筋かいがなくなれば断熱施工も楽になる。まさに一石二鳥である。

ドイツに学び断熱材も自社生産に

フィリピンで断熱パネルを製造する際に問題になったのが、現地で断熱材を製造しているメーカーが無かったということだ。

開発をスタートさせた当初は、グラスウール断熱材の採用を検討していたが、他の国からグラスウール断熱材を持ってこようとすると、それこそ空気を運んでいるようなもの。当時、VOCの問題が表面化しており、海外のグラスウールなどはノンホルム化が進んでおらず、どうしても日本製のものに頼ることになる。さらに言うと、グラスウールを使うには気密層も設ける必要がある。グラスウール＋気密層という構成は、パネル化には不向きである。

他社でグラスウールによる断熱パネルを販売しているメーカーがあった。それは合板の内側に四周の木枠を組んで、そこにグラスウールを入れて、気密層は木枠に対して防湿層を貼るというものであった。なかなか良く考えられていたが、現場であれば木枠が要らないので、工場でパネル化することで余計な材料費がかかることが気になっていた。

（上）**写真１**　ドイツでは200棟クラスのビルダーが自社でパネルを製造している

（下）**写真２**　工場内での作業である程度までパネルを組み立てて、現場に搬入していく

そこで世界の事例を調査していく中で、ドイツでは発泡系断熱材であるＥＰＳ断熱材が普及していることを知ったのだ（写真１）。樹脂サッシも当たり前のように使われていた。

驚くことに年間２００棟クラスのビルダーが自社で工場を持っていて、ＥＰＳ断熱材の製造や樹脂サッシの組み立てまで手掛けていた（写真２）。それでビジネスとして成立させていたのだ。しかも我々が目指していたフルパネルを製造しており、さらに驚かされた。そういうビルダーが、日本で例えるなら市区町村に１社くらい存在していることが分かった。

実はＥＰＳ断熱材は、すごくシンプルな設備で製造できる。原料となるビーズさえ調達できれば、製品化することはそれほど難しくない。ビルダーの工場で断熱材を製造すれば、建設現場までの距離も短くなるので、空気のような製品を遠くまで運ぶといった無駄も排除できる。

樹脂サッシについても、プロファイルと呼ばれる押し出し形材の製造は専業メーカーが行うが、最終の組み立ては地域のファブリケーターが行っている。日本で言う建具屋のような感覚で樹脂サッシも組み立てていくのだ。

ドイツでは、分業化・地域化による合理化が非常に進んでおり、日本の方が遅れていることを痛感した。

一条工務店ではこの手法を取り入れ、フィリピンの工場でＥＰＳ断熱材を製造するようになった。樹脂サッシの組み立ても開始した。

ＥＰＳ断熱材の製造には木の端材を有効利用

パネル化に踏み切った頃の一条工務店の年間棟数は３０００棟ほど。このレベルが工業化と非常に相性が良かった。３０００棟というロットになると、ＥＰＳ断熱材のビーズ原料をコンテナいっぱいにして運ぶことができたので、効率的だったのだ。

ＥＰＳ断熱材を製造する時に一番のコスト要因になるのが熱源。大量の蒸気で発泡させるので、熱源を確保する必要がある。

蒸気を発生させる熱源として適しているのがバイオマス。幸運なことに、木材を扱う工場では大量の木の端材が出る。そのため木くずボイラーを設置し、その熱源を暖房などに使用しているが、ＥＰＳ断熱材の製造に利用すればコスト削減につながる。この点からも断熱材の製造を地域化するメリットは大きい。

大きな工場にばかり頼るのではなく、地産地消型のサプライチェーンを構築することで、物流に関する問題を解消できるのではないか。

また、樹脂系断熱材の規格サイズは一般的に3尺×6尺。この規格サイズを現場でカットして使うとなると、下手な人は20％、上手い人でも15％くらいは廃棄物になるのではないか。

実はEPS断熱材は端材をリサイクルしやすい材料である。工場でパネル化できれば、端材を工場内で再資源化することは難しくない。一条工務店の工場でも、粉砕機でビーズ状にしてバージン原料に混ぜて再資源化している。EPSは、使い方次第では歩留まり100％も不可能ではない材料なのだ。

「夢の家 I-HEAD構法」が完成

こうして完成した断熱パネルを用いて「夢の家 I-HEAD構法」というものを開発した。断熱性能だけでなく耐震性、気密性などを向上することに成功し、当時の次世代省エネ基準を簡単にクリアすることができた。

また、現場の省力化にも成功した。潤沢な人的リソースがあればいいが、建設業界全体が人手不足に直面している現状を考慮すると、現場で組み立てるためのコストは、今後、さらに上昇していくだろう。

とくに軸組工法で住宅を建築していくためには、ある一定以上の技能が求められる。その技能を備えた人材を育成していくためには、当然ながらコストも時間もかかるわけだ。

それに対してパネルであれば、下地も含めて一体化された状態で現場に納品されるので、それほどの技能を必要としない。実際にパネル化が進んでいる一条工務店では、工業高校の卒業生が半年ほどの研修期間を経て現場で立派に活躍できるようになる。1年も経験を積むと、プラスターボード貼りやちょっとした内部造作まで手掛けるようになり、中には一人親方として独立できるほどの技能を身に付ける大工もいるほどだ。

パネルの精度が向上してくると、高度な技能がなくても充分に現場で活躍できるようになる。

加えて、大工の高齢化に伴い、なかなか高所作業などを任せることができないという問題もある。パネル化が進んでいけば、ベテランの大工は内部の造作作業などに集中するといった作業の進め方も可能になる。

ましてや高気密・高断熱の住宅は工事中の室内環境も良いので、働く人の労働環境整備という点でパネル化が果たす役割も大きいのだ。

専用のCADシステムの開発がカギに
高性能化と工業化を両立する

軸組工法用の断熱パネルを開発する上で、苦労したのが設計CADの問題であった。軸組工法の柱や間柱を設計するCADについては、プレカット設備を導入していたので、一般的な伏図を作成するものを使用していた。

ところが断熱パネルは柱の内側に設置していくので、内寸法を読んで、合板のカット図面や間柱の寸法図面、断熱材のカット図面などを用意する必要があった。断熱材については、120㎜のものを採用していたので、コンセントや配線、下地の干渉を考慮して、カット図面に落とし込んでいく必要がある。

この加工を図面を読み込みながら現場で行うことは非常に難しい。発泡系断熱材の普及が進まない大きな理由のひとつがこの点である。

だからこそ、壁体内にグラスウールを押し込んでペーパーバリアを設けたり、最近、人気が高まっている現場で発泡する断熱材に頼ることになる。ただ、ウレタンの吹付けもメリットはあるが、凸部をならす際に産廃が増えたり、長期劣化のデメリットがあることも認識しておくべきだろう。

120㎜という断熱材の厚さを変えることなく、配線や配管などの干渉の問題を解決していくためには、専用のCADを開発する必要があった。イチからCADを開発するのは、時間的にもコスト的にも現実的ではなかったので、既に柱の内側にはめるパネルを製造するための設計CADを開発していた企業と連携することになった。

断熱材の厚みが例えば75㎜であれば、壁厚に遊びが生まれるので、干渉する部分を精密に欠いていくといった作業は必要ないかもしれない。対して120㎜の厚さの断熱材を壁体内に入れ込む場合、壁内に遊びがない状態で正確にコンセントの位置などを読み込んだ形で設計を行い、その情報に基づき断熱材をカットしていく必要がある。この点がCADを開発する際に苦労したことだ。

詳細な設計さえデータ化されていれば、断熱材をカットするのは熱線カッターなどを使って簡単に行える。カットする場所や寸法、深さなどを正確に設計に落とし込み、その情報を工場の作業者に伝えることが重要だったのだ。

試行錯誤の結果、完成したCADを用いることで、工場の作業者は、指示通りの外周寸法で断熱材をカットし、コンセントがある位置を確認してその部分をカットし、配線が通る部分を欠いていきといった作業を行うだけ、高精度に断熱材をプレカットすることが可能になった。しかも工場内の専用の作業台でツールを使いながら作業を行うので、現場で行うよりも容易に行える。

合板も同じように、設計情報に基づき加工を行い、最終的には接着剤で断熱材と合板を貼り合わせるとパネルが完成する。

軸組工法で高性能化と効率化を両立する難しさ

軸組工法用の断熱パネルの開発に成功した次のステップとして、いよいよフルパネル化に向けた検討を開始した。

軸組工法を工業化していこうとすると、梁せいやジョイント部分の問題、さらには特有のメス、オスなどの仕口の問題など、パネル化し難い部分がある。ウッドステーションはその点を克服して軸組のパネル化を実現しているが、複雑な設計や加工が求められる。頑張れば対応できないわけではないが、頑張れば頑張るほど、付加的な材料コストが発生してしまうということも事実である。

対して、枠組壁工法は規格製材を合わせて釘を打っていくだけ。しかも、壁・床・天井をパネル化して分離しても材積は大きく変わらない。そのため、枠組壁工法の方が工場による量産化に適している。

軸組工法用の断熱パネルから、もう一段階上の性能を実現しようと考えると、断熱性能を上げる必要がある。そうなると外断熱が不可欠になる。

ところが、軸組工法用の断熱パネルでは外断熱に対応できなかった。断熱パネルに外断熱用の断熱材が一体化されていることが理想だが、それでは断熱材を柱の内側に取り付ける際の釘打ちができなくなる。

柱、梁、土台の内側に断熱パネルをはめ込み、これを躯体と一体化するために外周に釘を打ち込んでいく。釘のピッチや長さによって耐力が変わるので、この釘打ちの作業が非常に重要な作業である。

断熱パネルの外側に付加断熱をしようとすると、この釘打ちの作業ができなくなる。結果的に、外断熱の部分は現場で施工するしかなくなるというわけだ。それでは工業化を行う意味がない。これは軸組工法でフルパネル化を進める上で大きな問題だった。

一条工務店は常に売上棟数を伸ばしてきた。そのため、常に職人不足の状況であった。二人工でも、三人工でも増えようものなら、現場は混乱していく。新たに外断熱のために現場の工程を増やすわけにはいかないのだ。

こうした理由から、効率性や採算性を高めながら、付加価値の高い高性能パネルを実現していくためには、枠組壁工法、つまり2×4工法による工業化を推し進める必要があると決断した。

現場で柱、梁、土台の間にパネルをはめ込んでいくのでなく、パネル化された構造躯体を現場で施工するだけで上棟できてしまうという状況を生み出すことができれば、現場でパネルに釘を打ち込んでいく工程も必要なくなる。結果として現場の手間を増やすことなく、外断熱を採用することが可能になるのだ。しかも外壁やサッシも一体化することで、現場の工程を大幅に削減できるようなフルパネル化を目指そうということになった。

型式認定の呪縛を回避

こういう発想を形にしようとすると、プレハブメーカーが行っている型式認定による工業化に近付いていく。2×4工法の仕様規定からはみ出す部分が多くなるので、型式認定を取得して新たな工法として展開していくことが選択肢になるが、果たしてそれは最適解なのだろうか—。

その点で悩んでいる時に、あるプレハブメーカーで設計部長をしていた方に相談できる機会があった。その方から「型式認定だけには手を出すな」と言われた。加えて、「工業化の肝は情報化と物流管理である」という助言もいただいた。

「住宅屋ではなく、物流と情報を制する業態を目指しなさい」と言うのだ。その方の言葉で目指すべき方向性がはっきりした。

まずは「悪い部分を知るためにも、一度、型式にチャレンジしてみよう」と考えて、型式認定にも挑戦してみた。すると型式認定の限界が見えてきた。型式は文字通り、「型」が重要になる。使用するパネルに型番を付与していき、それで構造躯体を構成していく。

そのやり方で注文住宅を建築しようとすると、無数の型番を付与したパネルを用意する必要がある。

そのパネルをパズルのように組みわせていき、構造躯体を構成していくので、個々のパネルの図面は不要だ。それぞれの型番で仕様が決まっているので、例えば工場に「A1の型番のパネルを作って欲しい」と依頼すれば、もともと決められた仕様通りのパネルが製造される。現場ではそのパネルを使い構造躯体を組み立てていくことになる。自動車と同じように、全ての部品に品番を付与して、品番をもとに組み立てていくイメージである。

その点では非常に合理的な方法のように思えるが、例えば施主から「窓の位置を変えたい」という要望があった場合、その要望を満たすことができるパネルの型番がなかったとすると、新たに型式を取得することになる。

コンセントの位置や窓の大きさ、断熱材の厚さがちょっと変わるだけで、新たな型番の取得が必要になる。新たな型番を取得できないと製造図面は完成しない。

新たな型番を取得するという行為が社内で完結できるならまだいいが、国に申請して型式認定を更新をするという作業が求められる。認定なので、国の許可が必要になるわけだ。

型式認定を取得するためには、膨大な量の資料や申請書を用意しなくてはいけない。これこそが型式の呪縛であり、今のプレハブメーカーの悩みもこの点にあるのではないか。

これと比較すると軸組工法は自由である。2025年4月から4号建築の特例が縮小になり、状況が変わるかもしれないが、型式認定と比較すると容易に仕様などを変更できる。

型式認定に基づく生産方式の場合、在庫の問題もある。工場の生産性を高めるために出荷されそうなパネルをロット生産していくので、自ずと大量の在庫を持つことになる。

工場にはいつ出荷されるか分からないパネルが積み上がっていく。規格型住宅であれば計画生産を行えるかもしれないが、敷地形状や施主の要望に柔軟に対応しようとすると、自ずと在庫量は増えていくのだ。自由設計の注文住宅と型式認定は、そもそも相性が悪い。

プレハブメーカーの設計者が軸組の設計をやると、「こんなに自由に設計できるなんて、なんて楽な世界なんだ」と思うのではないか。

2×4工法の仕様規定に塩胡椒で味付け

「確かに型式には手を出さない方がいい」と実感した。2×4工法がオープン化であると言っても、現場施工を前提にしているので、フルパネル化には若干の〝塩胡椒〟が必要になる。先ほど指摘したように、仕様規定からはみ出す部分が出てくるのだ。その部分については、型式認定ではなく、有識者をメンバーとする委員会で客観的に性能を評価してもらい、安全性を確保しながら工業化を進めていった。

例えば、一条工務店の家は2×4工法でも土台は在来と同じものになっている。2×4パネルを導入しようとすると、床パネルの下にもう1本、土台を通す必要がある。在来工法であれば束で支えながら、断熱パネルを敷いていけばいい。2×4パネルの場合、枠で組んだだけではたわんでしまうので、その下に4×4材のパネル受けを入れる必要がある。計算すると、これによって材積量がかなり増えてしまうことが分かった。

また、土台伏せの問題もあった。土台伏せを上棟時にやるのは無駄だと思っていた。水道工事などが絡んでくるので、上棟前に終わらせておく方が作業手間は少なくなる。土台を敷くためにわざわざクレーン車を使うことも無駄である。在来工法の土台伏せなら、1日で据え付けられるし、クレーンも不要である。こうした点から判断し、土台は在来の方が工業化に適していると判断し、性能評価を行い、2×4工法であっても在来の土台を使えるようにした。

パネル同士をジョイントする際に使用するビスの引き抜き強度や施工方法も認めてもらわないといけない。仕様規定の範疇から飛び出ているからだ。一般的な2×4工法の使用規定では判断できない事項を洗い出しながら、型式認定ではなく、あくまでも枠組み壁工法として工業化するための作業を進めていった。

さらなる高付加価値化　2×6工法を採用

ようやく2×4のフルパネル化を形にすることができ、試作棟を建築することになった。施工中の様子を営業担当者などにも見てもらったが、反応はイマイチだった。

それまで軸組工法の家を売っていた感覚で見ると、2×4住宅に物足りなさを感じたようだった。圧倒的な価値を創出するためには、もっと性能を高める必要がある——。そう考え、2×6に移行することにした。

2×6であれば、壁厚は140㎜あるので、できあがると軸組よりも堅牢で重厚なイメージに仕上がる。2×6を採用したもうひとつの理由が、断熱性能の確保。

当時、燃焼試験を実施すると、外断熱部分の断熱材の厚さは50㎜が限界であった。外断熱の場合、外側に断熱材があり、その上に縦胴縁を施工し、サイディングを貼っていく。サイディングの重量を主に保持しているのは縦胴縁の部分。燃焼試験を行ってみると、サイディングの下の断熱材が融け始め、胴縁だけでは重量を保持できなくなり、サイディングが滑落してしまうことが分かってきた。

外側の断熱材が厚くなるほど、燃焼試験でサイディングが滑落しやすくなる。一条工務店では外壁にタイルを採用しており、それが特長でもあった。サイディングよりも2・5倍くらい重いタイルであれば、なおさら外側の断熱材を厚くすることはできない。

その一方で圧倒的な価値を創出するためには、断熱性能のさらなる向上は不可欠。それであれば、充填断熱の厚みを増すしかないと考え、2×6に移行することにした。

充填断熱は140㎜、外側に50㎜の高性能ウレタンフォーム断熱材が一体化されたパネルによって、一条工務店の超高性能住宅が完成したのだ（写真3）。

先ほど説明したように、軸組工法の断熱パネルを開発する際に壁厚いっぱいまで断熱材を入れても、配管や配線などの干渉を心配することなくパネルを設計するCADがあったので、2×6の壁厚である140㎜と同じ厚さの断熱材を採用することは難しくなかった。

写真3
フルパネル化へのチャレンジによって誕生したi-cube外壁パネル

工場が得か、現場が得か
慎重に吟味しながら工業化領域を決める

完成した2×6工法のフルパネルでは、外壁も工場で施工する。しかも先述したようにタイルにこだわった。現場施工のタイル張りに関するコストは、一般的に㎡当たり3万円以上となる。サイディングであれば5000円ほどだろう。6倍ほどの差がある。それであれば、3万円かかる方の作業を工場に取り入れパネル化した方が、付加価値は高まっていく。

工場でサイディングを貼ってパネルで出荷するのと、現場でサイディングを貼るのでは、恐らくそれほどコスト差がないだろう。その場合、パネルの方では物流コストが高くなるので、コスト面だけ言うと工業化の意味はないということになる。

しかし、タイルであれば、明らかに工場で施工しパネルで出荷した方がコスト的には有利になる。完成した住宅の付加価値にもなるわけだ。この視点は工業化を進める上で非常に重要になる。

逆に言うと、プラスターボード貼りなどは現場でやった方がコスト的にはメリットが大きいので、工場でやるべきではない。パネル化する時に常に問題になるのがジョイント部分。プラスターボードを工場で貼ると、ジョイントの部分を現場で上手く施工しないと、その後の仕上げ工程に影響を及ぼす。そういった点も考慮すると、プラスターボード貼りの工程は現場で行う方がいいだろうと判断した。

実はタイルを採用したのは、ジョイント部分の問題を解消するという意味合いもある。デザインサイディングの場合、つなぎ目の部分が2㎜ズレただけでクレームになる。パネル化する場合、2㎜くらいのズレは許容しないと施工できない。

写真4、5、6
サッシや開口部が一体化されたパネルを現場で組み立てていくことで構造躯体を完成させていく

これに対してタイルであれば、つなぎ目の部分だけ上張りしていけばいい。

　フルパネルで採算性を確保するのであれば、工場で外壁まで取り付けるべきであるし、その際に注意しなければいけないのはジョイント部分である（写真4、5、6）。

住宅の工業化にはAmazonのような情報管理機能を徹底した物流が必要

　大手のプレハブメーカーであっても、国内の拠点は5～6カ所くらいしかない。そこから全国へモノを運ぶことになる。この作業を効率化していくためには情報を管理することが重要な意味を持つ。Amazonの物流機能を見ていると、徹底した情報管理が行われている。それこそが住宅の工業化を行う上で目指すべき方向性なのだ。

　現場の上棟予定などの情報、そして工場の生産状況の情報などを一元管理し、常に効率性を追求していくことが求められる。一条工務店では常に販売棟数が伸びていたこともあり、生産ラインに余力があるわけではなかった。そうなると精度が高い販売計画が必要になる。

フィリピンから運ぶ際も、可能な限りコンテナを一杯にした方がコストは下がる。しかも、コンテナの送り先は1カ所ではない。建設現場に最も近い港へ送ることになる。単純にコンテナを一杯にすればいいわけではない。

さらに言うと、現場に納めるタイミングも重要になる。土台に関する資材、パネル、屋根といった部位を別々のタイミングで現場に搬入していくことになる。屋内側も同じように施工スケジュールに合わせて、必要な資材を現場に納めることになる。

運び方についても、例えば床材であれば1棟分だけ持っていくのは勿体無いので、他の資材や他の物件の分も混載で持っていこうとなる。

住宅建築というものは、膨大な量の情報とモノを管理しながら、徹底的に効率性を追求していくことが求められる産業だ。この難しい作業を一般的な建築現場では、どのようにこなしていたのか──。

日本の住宅業界では、納材店がその役割を果たしている。納材店がある程度の在庫を抱えながら、電話1本で「明日、あの建材を納品してほしい」と言われると次の日に現場に納めるということを可能にしているのだ。しかし、この仕組みは在庫量やコストも増えていくというデメリットを抱え込んでいる。

一条工務店では建材や設備まで、フィリピンの工場で製造しているので、現場に納品するまでの情報を全ておさえながら、その情報を製造、物流に活かす仕組みを構築している。

邸別生産が出来ないなら工業化は諦めるべき

また、製造工程では基本的に邸別生産を採用している。トヨタかんばん方式は、絶対に無駄な在庫を持たないという考え方。必ず出荷される最低量を重視し、そこに生産量を合わせていく。これを究極に突き詰めていくと邸別生産に行きつくのだ。だかこそ、邸別生産ができないのであれば、フルパネルによる工業化はやらない方がいい。

邸別生産を行うためには、先ほど言った情報管理が不可欠になる。加えて、品数を増やさないということが大事である。

建材メーカーの百科事典のようなカタログに掲載されている商品を在庫しよう

とすると、一条工務店だけでは不可能である。そもそも、あれほど膨大な量の品揃えを用意しようとするから、建材メーカーも苦しくなり、工務店も割高のものを購入することになる。

一条工務店では、タイルは5色くらいしかない。サイズも1種類だけ。それによって製造や物流の考え方はシンプルになるし、在庫量も少なくて済む。かと言って施主の満足度が下がるかと言うと、一条工務店が販売棟数を伸ばしてきた事実を見れば、その答えは自ずと分かるのではないか。

アメリカの住宅は非常に合理的である。外壁はほとんどが樹脂製で、色のバリエーションも少ない。窓などのサイズも規格化されているので、DIYでも取り付けることができる。結果として、アメリカの建築コストは圧倒的に日本よりも安い。人件費の違いなどもあるが、シンプルにする部分は徹底的に効率化していくことで、建築費を抑えている部分があるのではないだろうか。

一条工務店の創業者は、「自由の中の不自由さ」ということを言っていた。実績もあり、安心して使用できるものを2つ揃えて、「どちらがいいですか」と言われると、すぐに決断できる。ところが、10種類の中から選べとなると、途端に難しくなる。しかも、その中には品質が安定していないものがあるかもしれない。ある意味では、そういった作業を施主に求めることは酷でもある。

もちろん徹底的にこだわりたいという施主もいるだろう。そういう施主は、全く違う供給方式を採用した住宅を選択するだろう。

（一社）日本モバイル建築協会が目指す地域型プラットフォームによる工業化とは

（一社）日本モバイル建築協会では、一条工務店と同じことをやろうというわけではない。パネルの部分だけはプラットフォームを互助会的に共有しながら、より効率的に高性能住宅を供給する仕組みを構築していければと考えている。外壁や内装の仕様などを統一しようとは考えていない。その部分は各社が自由に個性を競い合えばいいのだ。

まさに前述したドイツのように、それぞれの地域でパネルだけでなく、断熱材やサッシを製造できるコンポーネント会社が登場し、そこのプラットフォームを地域の工務店の方々が活用していく。そういうモデルが各地で立ち上がっていくことが理想ではないだろうか。

その時に障壁になるのが情報管理の部分だ。情報管理のためのシステムを開発しようとすると、お金も時間もかかってしまう。この部分は（一社）日本モバイル建築協会が担い、全国の工務店などと共有していけばいい。

一条工務店が、唯一、実現できなかったことが地域化である。フィリピンの工場で製造したパネルを日本国内にまで運んでいるので、どうしてもその分だけ物流費はかかってしまう。地域化が実現できれば、パネルを運ぶ距離は自ずと短くなるので、さらに効率性は向上していくだろう。

人手不足が深刻化する中で、可能な限りオンサイト（建築現場）での工程を減らしていくことが競争力に直結する時代になりつつある。オフサイト（工場）で製造したパネルによって、コストパフォーマンスに優れた超高性能住宅を提供していく。そういった新住宅産業を、住宅事業者の方々と一緒に実現していければと考えている。

column

なぜ、国産材利用において2×4工法への期待感が高まるのか

本郷浩二
全国木材組合連合会 副会長

同じ断面の部材の大量生産により効率化を追求した2×4工法

技術がオープン化されて50年になる2x4工法だが、アメリカで生まれたこの工法は、住宅の部材である木材としての使い方において、日本の在来の軸組工法とは大きな違いがある。それは、部材の断面寸法が少数に統一されているということだ。

断面の縦横の寸法が規則的に決まっていてディ

ツーバイフォー工法の構造材の例

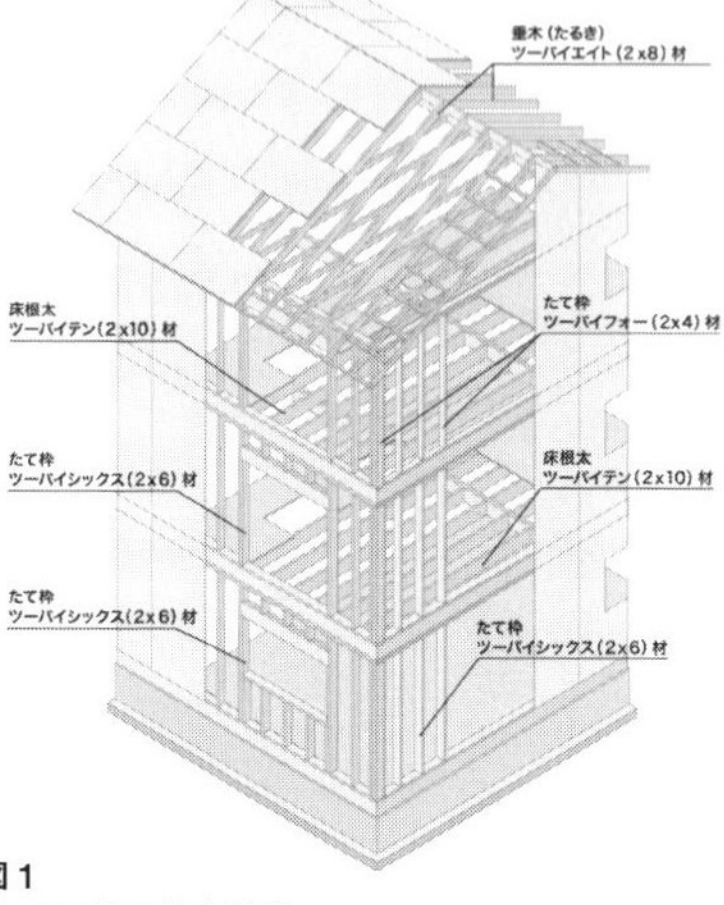

図1
2x4工法の基本構造
（提供：一般社団法人日本ツーバイフォー建築協会）

メンションランバーと呼ばれている。3次元を3Dと表記するDがディメンションの頭文字で、元はインチ寸法だが、2×4を中心に2×6、2×8、2×10、2×12、さらには4×4という決まった断面寸法の木材で、決まった形に組み立てられていくのが2×4工法である（図1、写真1）。

同じ断面の部材が大量に必要になり、丸太加工の面で効率的な大量生産に向いているという特徴を持っている。これは特に、北米の天然林の大径丸太の製材において効果的だったと思われる。年齢を重ねた天然林から生産されたディメンションランバーは、まだ間伐材が主流だった人工林のスギ材等に比べて圧倒的な強さと精度を持っていたため、わが国の2×4工法の住宅建築が普及拡大していく間、北米の木材（米加材）の独壇場だったわけだ。

米加材に追いつきつつある国産材

しかし、ここにきてその状況が変わってきている。天然の大径木が主体だった北米の木材も、人工林やサードグロスと言われるような径の小さくなった天然林から生産されたものが多くなり、ディメンションランバーの強さと精度も落ちてきているそ

写真1
2×4工法に使われるディメンションランバー
（提供：一般社団法人日本ツーバイフォー建築協会）

うだ。
その一方でスギは、全国的に60年生くらいに成熟して強度が高まった材の割合が増えてきた。そして人工乾燥技術が進展し、コストダウンと精度の確保が図られてきたのだ。トドマツそしてヒノキもディメンションランバーの世界に打って出てきている。国産材が米加材に追いつこうとしているのが今なのだ。

ディメンションランバーが国産材の未開拓領域に

ディメンションランバーは、国産材の未開拓領域、伸びしろのあるこれからのフロンティアだと考えている。人口減少により、在来軸組工法に今以上の伸びしろが期待できない中、国産材は軸組工法におけるシェアを守りつつ、2×4工法における現在1割のシェアを広げることに否応なく向かっていかなければならない。

先人たちの努力の結晶である自給も可能で持続利用できる人工の資源を、日本の社会・経済・暮らしに活かしていくことは、我が国のサスティナビリティ（持続性）につながるものである。そのための資源の循環利用のプロセスをしっかり築き上げ、その当事者は、山村・林業・木材利用までも長く衰退させた戦後の非持続的な伐採利用の二の舞にならないという決意で取り組まなければならない。日本に、自然、資源、産業、人の生活が持続する木材利用を実現するのだ。

そのためにやらなければならないことは多々あるが、我が国の2×4工法の住宅建築での国産材の利用は重要なことの一つである。そして、それは非住宅建築物への国産材利用、海外での2×4工法の住宅建築への国産材の輸出の拡大に直接につながっていくのだ。

オープンな工業化に馴染みやすい2×4工法

2×4工法建築には、モノコックという構造的特徴がある。4面の壁と床と天井で囲まれた6面体の構造で耐震強度を保ち、断熱性能、気密性能が高められる。そして、この6面体構造の作りは工場での工業化にとても適している。

壁、床をパネル化して、天井・小屋組もユニット化して現場で組み立てるのだが、コンピュータとロボットで製造管理できる工場で生産（オフサイト生産）することで、現場での人手不足が克服できるし、組み上げ精度のタイムパフォーマンスが飛躍的に向上するだろう。工法の技術そのものは既にオープン化されているものなので、その工場生産のノウハウも特殊化されずに、誰もが取り組みやすくオープンな工業化に馴染むのではないか。

無垢材が使えるというメリット

2×4工法のもう一つの特徴として、無垢材が使われるということもある。材の長さについては、日本の山でのインフラや生産体制の問題などから長いものを出すことが難しく、短いものを縦継ぎという技術で接着する必要があるが、基本的に無垢の国産材が使われるということがポイントである。

集成材やCLTのように製造拠点が限られておらず、縦継ぎは大きな工場や高価な設備でなくとも加工できる。木くずを焚く人工乾燥機の普及で乾燥材の地域での生産も拡大していく。

地域の山の木材が他所に行って戻ってくるというようなことなく地域で加工することができ、地域の工務店・建築事業者によって地域の住宅を建てるという少段階・短距離流通が可能だ。それにも一定の規模感は必要だが、地域の工場でも可能にできるだろう。

災害の対応にあっても、何処で起こっても、できるだけ近くの工場で近くの木を加工して、被災者が住みやすい仮設・復興住宅を速やかに建てられることは、被災地の復興にとって生活・雇用・産業の面から重要なことではないだろうか。

在来軸組工法については、昨今の断熱・気密などの住宅の省エネ性能の強化のためには、無垢材の利用がシェアを失い、主要な構造部材の需要が集成材に移っていかざるを得ないだろうとの感じを持っている。

現在、集成材の製造歩留まりは30%程度で、無垢の製材に比べてかなり低くなっているようで、山の収入である立木価格にも押し下げ圧力がかかる。そのため、無垢材として使えるものには無垢材で使う道を作らなければならない。これは構造材だけの問題ではないが、私が2×4工法に国産材のフロンティアを期待しているのは、これらの事情があってのことでもある。

あとがき

私は自身の専門を「リスク学」や「社会デザイン学」と自称してきた。両専門とも学際的かつ分野横断的な性格が強く、その領域のあいまいさを利用して、異なる分野の研究者や実務家と出会い、それらの方々から多くの叱咤激励を受けて研究開発と社会実装に取り組んできた。建築や住宅生産の門外漢の私が木造モバイル建築の研究開発に取り組んだ動機は、東日本大震災での体験である。当時私は国の防災研究機関の研究員として発災直後から被災自治体の災害対策や復旧・復興の実務に関わり、現地で様々な課題を目の当たりにした。その中で応急仮設住宅については、現地施工により建設が遅々として進まず劣悪な避難生活を長期化させ、多額の公費が投入されたにも関わらず住宅性能が低く劣悪な住環境のまま最長10年間に及び長期利用された。さらに、使用後に解体撤去された仮設住宅が大量の廃棄物と化した。

その後、大学に移りこれらの課題を何とか改善できないかと考え、住宅メーカーや建設事業者などに本設移行可能な恒久仕様の木造住宅をユニット化してオフサイトで生産し被災地に供給する木造モバイル建築の開発を提案した。しかし、ほとんどの企業に耳を傾けていただけなかった。そうした中で私の提案に賛同した企業が現れ、同社の製品を応急仮設住宅として利用できるように国や自治体に働きかけ、実際の災害で採用され供給された。しかし、同社が設立した普及団体は当該企業の製品しか製造・販売できない規約であり、そのような排他的な運用では国難級の災害時に供給責任が果たせないと考え関係を解消した。

その後、オープンなプラットフォームとして日本モバイル建築協会を設立し、マルチベンダーかつオープンライセンスで国難級の災害に対応するサプライチェーンの構築を目指すこととなった。当協会は令和6年能登半島地震における社会実装から得られた教訓を踏まえ、現在、木造住宅の新たな生産方式の研究開発に取り組み、それらの技術や製造ノウハウを全国の地域工務店に普及する活動に注力している。

リスク学では、不確実性を孕むリスクに社会全体で対処しリスクの軽減を図る協治の枠組みをリスクガバナンスと呼ぶ。多様な主体が協働して資源を持ち寄り、セーフティーネットを重層化する減災型社会の構築は、予防のフェーズのみならず、発災後のレジリエンス（回復可能性）の向上にも寄与する戦略である。平時の住宅生産方式の高度化とそれに基づく分散型サプライチェーンは災害時のセーフティーネットとなり、リスクガバナンスの高度化に貢献することができる。

国難級の災害時に当協会が応急仮設住宅の供給責任が果たせる団体として社会から信頼されるためにはどうすればよいか。リスクを巡る信頼研究では、能力と動機付け（誠実さなど）がリスク管理者の信頼を規定する要因であるとの説がある。また、リスク管理者が消費者や市民と基本的な価値を共有していることが信頼形成に寄与するとの説がある。さらに、信頼をコミットメント（約束）との関係で説明する説がある。自分の能力を超えることは約束しないことが求められるものの、逆に高い目標にチャレンジせずにいつも低い水準しか約束しないと逆に信頼を得られないこともある。信頼を得るためには先ず供給能力を示すことが求められる。次に、利益に関わらず他に優先して被災地に供給するという誠実さが求められる。さらに、具体的な量や性能、品質、工期、価格についてのコミットメントが求められる。その際、個々の能力だけではなく、互いに支え合う関係性も考慮される。つまり、全国の森林と地域工務店がつながるオープンなサプライチェーンこそが84万戸の供給責任に対する信頼を規定することとなる。

信頼を得るためには言葉による説得ではなく行動し続けることであるとの認識に立ち、本書の提案をチームで愚直に実践する所存である。能登半島地震以降、全国の自治体から石川県における当協会の取り組みについて多くの質問をいただいている。そのほとんどが、「既に地元の工務店や建設会社と締結している木造応急仮設住宅との分担は？競合するのか？」、「オフサイト（被災地外）で生産すると災害特需が流出し被災地の経済復興に悪影響を及ぼすのではないか？」という心配の声である。当協会は、被災地の地域工務店や建設業の被災後の残存能力を最大限活用すること、地元事業者が発災後に会員となり元受けとして被災県に斡旋し被災県と契約することが可能であること、被災した地域工務店の事業継続を支援すること、被災地内での製造が困難な場合は協会会員が被災地外で生産したユニットを地元事業者に供給できること、被災地の職人や失業した被災者が被災地外の会員企業に出向又は緊急的な臨時雇用等によりモバイル建築ユニットの生産に従事することで雇用が維持できることなど、モバイル建築のオフサイト生産ネットワークは復興経済に貢献する供給方式であることを丁寧に説明して誤解を解いている。さらに、全国の都道府県などとの事前協定に基づき、地域工務店や地場の建設業の団体と連携して、地元の森林資源を活用し地域の気候風土、環境、景観に配慮した各県版の地産地消の木造モバイル建築を設計し、発災後に被災地の工務店が主体となり、被災地外の全国の地域工務店が被災地の対応力（量的、工期的）を補完し、大量かつ迅速に本設移行及び移築可能な恒久仕様の木造応急住宅を供給する分散型の相互支援ネットワークへの参画を呼び掛けている。

最後に、当協会の活動を日々支えていただいている関係者のみなさま、本書の執筆を分担していただいた執筆者各位、本書の編集に尽力していただいた出版社の方々に心より感謝申し上げたい。

（一社）日本モバイル建築協会 代表理事
立教大学大学院社会デザイン研究科 教授
長坂 俊成

2025年3月

筆者紹介

長坂 俊成（ながさか としなり）

一般社団法人日本モバイル建築協会 代表理事
立教大学大学院社会デザイン研究科 教授

（独）防災科学技術研究所主任研究員を経て、現在は立教大学大学院社会デザイン研究科教授。木造モバイル建築の研究開発と普及を目的として2021年に非営利型一般社団法人として日本モバイル建築協会を設立し代表理事に就任。専門はリスク学、社会デザイン学等。2024年度日本リスク学会グッドプラクティス賞を受賞。

塩地 博文（しおち ひろふみ）

ウッドステーション株式会社 代表取締役会長
立教大学 客員教授

2018年にウッドステーションを起業し、現在同社の代表取締役会長。商社時代に建築素材「モイス」を開発、続いて在来木造のプレファブ化を体系化した「木造大型パネル」の開発に成功する。2021年度ウッドデザイン賞林野庁長官賞を受賞。著作である「森林列島再生論」（日経BP）が話題に。

小見 康夫（おみ やすお）

東京都市大学建築都市デザイン学部長 建築学科教授

1985年 東京大学工学部建築学科卒、大手住宅メーカー商品開発部勤務を経て、1995年 東京大学大学院博士課程修了、博士（工学）。小見建築計画室一級建築士事務所、建築環境ワークス協同組合代表理事を経、2005年武蔵工業大学工学部建築学科専任講師、2008年 東京都市大学准教授に就任。2013年 同・教授、2024年より同・建築都市デザイン学部長に。

大場 友和（おおば ともかず）

株式会社クリエイト礼文 代表取締役
一般社団法人日本モバイル建築協会 主席コンサルタント
一般社団法人日本ツーバイフォー建築協会 理事

1997年クリエイト礼文入社、フランチャイズ事業責任者などを経て、2020年同社代表取締役就任。

令和6年能登半島地震では、（一社）日本モバイル建築協会対策本部として応急仮設住宅候補地の調査・計画の指揮支援や石川県・自治体との協議・調整を担当。

萩原 浩（はぎわら ひろし）

一般社団法人日本モバイル建築協会 技術アドバイザー兼主席コンサルタント

1997年、一条工務店グループであるHRDの技術開発責任者に就任。2015年には同社代表取締役社長に。2024年11月に同社を定年退職後、2024年11月より現職。

酒井 秀夫（さかい ひでお）

東京大学名誉教授
一般社団法人日本木質バイオマスエネルギー協会 会長

1975 年、東京大学農学部林学科卒業。農学博士。東京大学農学部助手、宇都宮大学農学部助教授、東京大学農学部助教授を経て、2001 年に東京大学大学院農学生命科学研究科教授に就任。主な研究テーマは、持続的森林経営における森林作業、林内路網計画、森林バイオマス資源の収穫利用など。

青木 謙治（あおき けんじ）

東京大学大学院農学生命科学研究科 教授
一般社団法人日本モバイル建築協会 技術アドバイザー

1999 年、東京大学大学院農学生命科学研究科生物材料科学専攻を修了。同年より東京大学大学院農学生命科学研究科の助手に。2004 年、（独）森林総合研究所の構造利用研究領域木質構造居住環境研究室の研究員になり、2008 年から同研究室の主任研究員に就任。2014 年に東京大学大学院農学生命科学研究科の講師となり、2017 年から准教授に。2024 年から現職。

川口 淳（かわぐち じゅん）

三重大学大学院工学研究科 教授
三重大学防災アドバイザー
地域圏防災・減災研究センター センター長
三重県・三重大学 みえ防災・減災センター 副センター長

1990 年に三重大学 大学院工学研究科建築学専攻修了後、同年 4 月から三重大学工学部建築学科・助手。米国リーハイ大学 招聘研究員などを経て、2001 年 4 月から三重大学大学院工学研究科・講師に。三重大学災害対策プロジェクト室 主席室員、三重大学 大学院工学研究科・助教授、京都橘大学・非常勤講師（併任：現職）、三重大学 大学院工学研究科准教授などを経て、2023 年 12 月に三重大学 大学院工学研究科教授（現職）に就任。

本郷 浩二（ほんごう こうじ）

全国木材組合連合会 副会長

1982 年に林野庁に入庁後、青森営林局管内で造林や森林経営業務に従事。その後、造林技術協力のためにマレーシア・サバ州に 3 年間派遣。帰国後、熊本営林局小林営林署長、福井県林政課長などを歴任。森林整備部長、国有林野部長などを務め、2018 年に林野庁次長、2019 年に林野庁長官に就任。2021 年 21 年 11 月から現職に。

新住宅産業論
仮設住宅が問いかける日本の「木造力」と「レジリエンス」

2025年4月8日　初版 第1刷発行

企画　一般社団法人日本モバイル建築協会

編　長坂俊成

制作　中山紀文
木田桃子（デザイン）

発行　株式会社　創樹社
〒113-0034
東京都文京区湯島1-1-2　ATMビル
☎ 03-6273-1175　FAX 03-6273-1176
https://www.sohjusha.co.jp

書店販売　株式会社 ランドハウス ビレッジ
〒215-0003
神奈川県川崎市麻生区高石3-24-6
☎ 044-959-2012　FAX 044-281-0276

印刷　日経印刷株式会社

表紙イラスト：annlisa / PIXTA（ピクスタ）

定価　1980円（本体1800円＋税10%）
ISBN 978-4-88351-170-9 C2052 ¥1800E